NF文庫
ノンフィクション

父・大田實海軍中将との絆

自衛隊国際貢献の嚆矢となった男の軌跡

三根明日香

潮書房光人社

父・大田實海軍中将との絆——目次

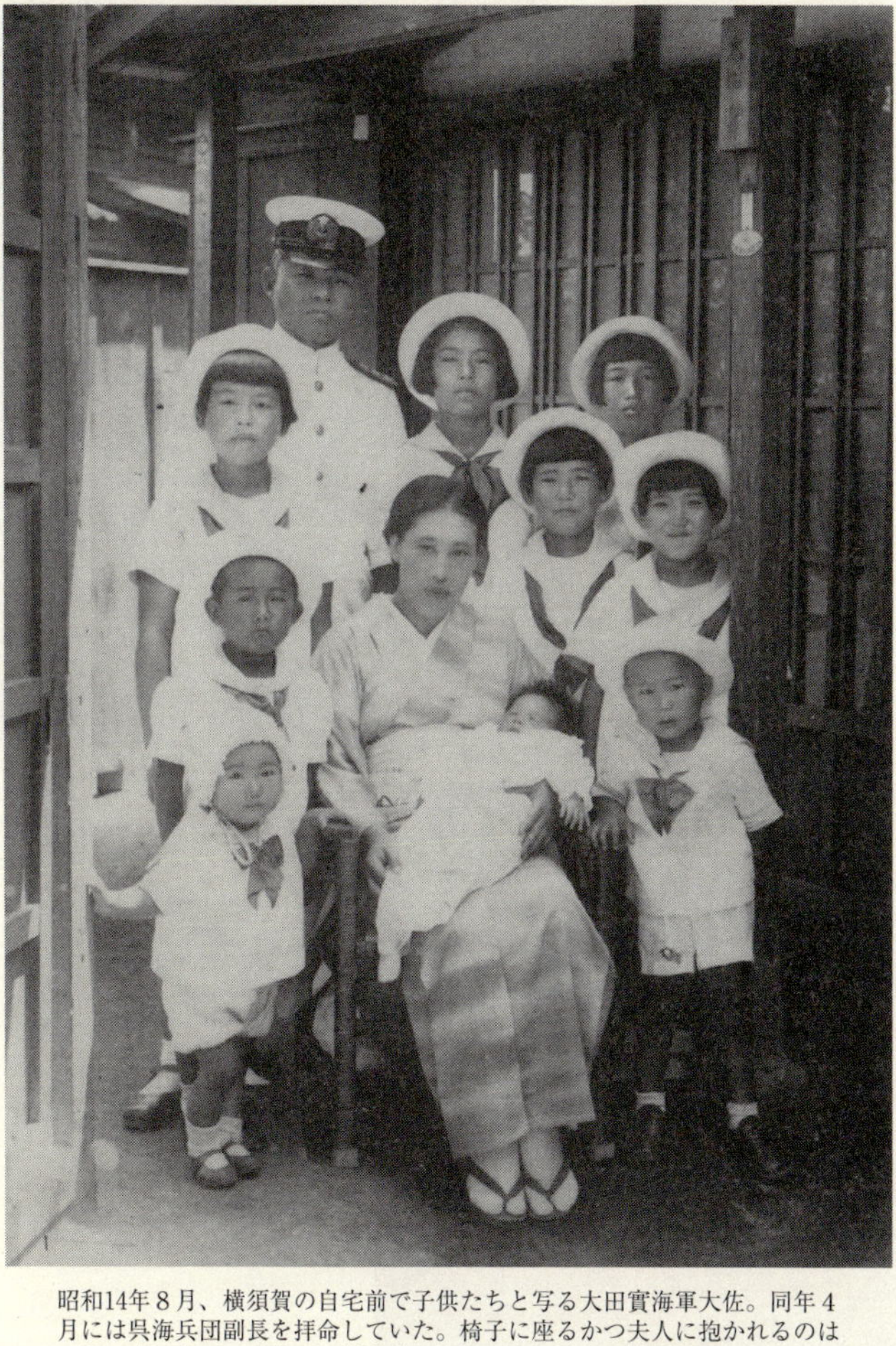

昭和14年８月、横須賀の自宅前で子供たちと写る大田實海軍大佐。同年４月には呉海兵団副長を拝命していた。椅子に座るかつ夫人に抱かれるのは三男の畯。大田の子育ては健康第一を旨とし、教育や躾にも厳しかったという。17年11月、海軍少将、20年１月、沖縄方面根拠地隊司令官となり、同年６月、「沖縄県民斯ク戦ヘリ」の電報を残し、１週間後に自決をとげた。

大田實は明治24年4月、千葉県長生郡水上村(現・長生郡長柄町)に生まれた。旧制千葉中学校を卒業後、海軍兵学校に進み(41期)、海軍士官の道を歩んだ。写真は千葉中学時代。

海軍兵学校時代の大田(左2人目)。大正3年、少尉任官。中尉時代には結核を患い、3年間の病気休職を余儀なくされることとなった。

昭和７年、第１次上海事変にあたり、大田は戦地に渡った。上海陸戦隊第５大隊長時代の大田。前列中央で椅子に座り、軍刀に手をかけている人物。

昭和７年、第１次上海事変で出征する陸戦隊。大田は同事変の戦いで、初めて我が子のように愛した部下19名を失い、その死をひどく悼んだという。

▷呉海兵団副長時代の大田。◁昭和20年１月、佐世保海兵団長時代の大田。同月22日、水上機にて新任地の沖縄へ赴任した。

昭和20年、沖縄の戦い直前における大田實沖縄方面根拠地隊司令官(左)。中央は陸軍の牛島満第32軍司令官。右は長勇第32軍参謀長。

父・大田實海軍中将との絆

——自衛隊国際貢献の嚆矢となった男の軌跡

無冠の方言学者・比較言語学者であった親友の宮治弘明君の墓前に捧ぐ

序章　父に知らせたい叙勲

平成二十二年（二〇一〇年）十一月八日、小柄でよく日焼けした一人の海の男が宮中に参内していた。元海将補の落合畯《たおさ》である。

五日前の文化の日に、秋の叙勲受章者が発表されていた。落合は数多くの海上自衛隊ＯＢとともに、瑞宝小綬章に列せられた。満年齢七一歳。

秋晴れに恵まれた爽やかな日、午前十時から新宿区市谷の防衛省大講堂で伝達式、海上幕僚長主催の昼食会の後に、落合は晴ればれとした気持ちで天皇陛下のお言葉を賜わった。

落合は、海上自衛官として、お国と国民のためにひたすらご奉公した三三年間で、最も難しいミッションとして思い出に残っていることを想起していた。平成三年（一九九一年）四月から十月までのペルシャ湾掃海派遣部隊の指揮官として機雷掃海の目的を果たすのみならず、部隊の全員である五〇〇人強をけが一つなく無事に帰国させ、完璧な仕事を成し遂げた「あの夏の戦い」。

平成三年当時、自衛隊を海外派遣するという前代未聞の事態に際し、世論はあまり肯定的ではなかった。土井たか子党首率いる社会党はまだ強力で、ハト派を自認する海部俊樹総理は掃海艇の派遣決定を渋り、部隊を見送る式典にも来なかった。落合たちは反対運動の逆風のなかを出港した。辿り着いても、「もう機雷はない。遅すぎたよ」という事態にならぬよう、往路はとにかく急ぎに急いだ一ヵ月、艦艇が補給用に寄港する時間も惜しんだため、隊員はほとんど陸《おか》に上がって休養をとる機会はなかった。

ペルシャ湾の現地に着いたとき、各国海軍は歓迎してくれたが、日本部隊はなかなか機雷を発見できない。「何をしているんだ！」冷笑や叱咤の声が東京のマスコミ等から聞こえる。任務開始から一五日目にようやく一発目が見つかり処分できたとき、落合は指揮官として「見事なり、よくやった！」と総員を讃えた。

成果は順調に上がった。盟友・米国海軍をはじめ各国海軍から一目も二目もおかれたが、フネの中では「いったい、いつ帰国できるのか？　このまま年を越し、来年の花見もできないかも」との悲壮な噂が流れた。九月十一日、ついに池田行彦防衛庁長官からの作業終了命令が出て、落合もホッとした。

今まさに、直々にご尊顔を拝する天皇陛下より、掃海部隊の帰国の途次、もったいないご伝言を頂戴したことを落合は懐かしく思い出す。シンガポール寄港の際、マレーシアご訪問中の陛下から防衛駐在官経由で「湾岸の奥の非常に難しい海域を担当して機雷をたくさん処理し、犠牲者を出すこともなく、無事終了したと聞いて喜んでおります」とのお言葉をいただいたのだ。

また、今上陛下は落合にとり、特別なご存在である。落合は沖縄に縁が深いが、陛下ご自身にとっても、沖縄慰霊の日である「六月二十三日」は、終戦記念日「八月十五日」などと並び、忘れてはならない日だとご発言されている。陛下は「沖縄は前の戦争で一般人を巻き込んだ地上戦が行なわれた唯一のところである」として格別の思いをお持ちである。

沖縄は、晙の亡き実父に直結する場所だ。謙虚な落合が、叙勲の日の栄誉を心の中で最も伝えたかった人物だ。はるか六五年前に、民間人の命を最大限に大事にしつつ、果敢に戦った後に沖縄で自決した実父・大田實《みのる》海軍中将である。

父子で苗字が異なるのは、大田が一一人もの子を遺して戦死した後、大田家が経済的に逼迫し、三男で下から三番目の晙が口減らしのために伯父の養子になったからだ。

「……沖縄県民斯ク戦ヘリ　県民ニ対シ後世特別ノ御高配ヲ賜ランコトヲ」

大田實。

太平洋戦争末期の昭和二十年（一九四五年）六月六日、右の末尾で終わる電報を遺言のように東京に打電して一週間後に自決した海軍少将（戦死後、中将に特進）。

この文語調を現代的にして、意訳する。

「（食料も医薬品も何もかも尽き果て、あらゆる困難を一身に受け、ほぼ死を待つ沖縄県民たちは、本土防衛のために防波堤として）このように立派に戦いぬいてきたのです。（これら祖国の礎となった）県民に対しては、戦争後、特別に考慮して待遇すべきであると考えますので、国家に対し小官よりお願い申し上げます」

県民の福祉という民政に関わる部分に、軍人が直接口出しをすることは異例だ。しかし、民を思う仁愛にあふれた大田は、たとえ自分は沖縄県知事ではなくとも、また、旧知の島田叡《あきら》知事から依頼されたわけでなくとも、沖縄県民の将来を考え、自分にしかできない最期の使命として、この電文を打電した。

その思いは、大田にとって最も上の上官である昭和天皇にも受け止められたと言ってよい。昭和天皇は、終戦直後に全国を巡幸して被災した国民を励ましたが、唯一、沖縄県には訪問する機会がなかった。ようやく昭和六十二年（一九八七年）になって国体の開会式に出席する計画が立てられたが、直前に病に倒れ、訪問はかなわなかった。その無念さと、沖縄県民に直接慰労の言葉を掛けることを責務と思う気持ちを和歌に残されている。

思はざる　病となりぬ　沖縄を
　たづね果さむ　つとめありしを

大田の沖縄での在勤はわずか五ヵ月であったが、紹介した電文の遺徳ゆえに、軍事アレルギーがあり反軍感情が根強い沖縄県において、いまだに敬愛され続ける数少ない帝国軍人の筆頭にあげられる。

奇遇なことに、昭和四十七年（一九七二年）、沖縄の本土復帰の機会に、伯父の養子となり姓を落合と変えて海上自衛官になっていた三男・晙も三〇代前半の一年余の間、沖縄に在勤した。その間に、晙五歳のときに出征したきり沖縄の土となった晙の実父との縁をより深めることができた。

「沖縄」問題は本土復帰後も我が国の安全保障を揺さぶり続け、混迷を深めている。普天間基地の移設先問題をはじめとする沖縄の基地負担軽減と基地に依存しない経済の振興がよく言われる。しかし、「策」を云々する前に、沖縄（ウチナンチュー）の心を心として受け止めることがまず必要だ。その意味で、大田・落合父子が沖縄にどう接したかを顧みることは、重要なヒントになろう。

沖縄方面根拠地隊司令官・大田實少将

落合は、まだ一等海佐だった平成三年、自衛隊開闢《かいびゃく》以来初めての「海外実任務」であるペルシャ湾掃海派遣部隊の指揮官を務めた。遥々インド洋をわたりペルシャ湾に赴き、半年もの海外展開を無事故・けが人ゼロでやり遂げた、自衛隊海外活動の輝かしき先駆者である。

湾岸戦争当時、日本は「カネしか出さないジャパン」「トゥーリトル、トゥーレイト（少なすぎ、遅すぎ）」と世界の舞台で悪評紛々だった。その日本の評判を「人」と「技術」を出して汗をかくことで、ギリギリの瀬戸際で救ってくれた掃海派遣部隊。

特筆すべきは、落合部隊が、実績を上げながらも隊員を無事に連れ帰るという難業に成功したお陰で、それまでは自衛隊が海外活動をすることに否定的だった我が国世論が変化し、翌平成四年（一九九二年）には自衛隊のカンボジアPKO参加を国会で決定することができたことである。

現代の国際社会では、脅威が多様なものになるとともに、各国が連帯してこれに立ち向かう場面が次々に生じている。

その一つがテロの防圧である。海上自衛隊は、平成二十二年一月に打ち切られるまで約八年間、インド洋における海上阻止行動に参加した米、欧、パキスタン海軍に油や水を補給する活動を続けた。補給艦が洋上で他国の艦艇と並走しながら油や水を補給することは高い技量を要するものであるので、各国から高く評価された。

最近の展開では、平成二十一年（二〇〇九年）年春から、アフリカ・ソマリア沖の海賊対処のため艦艇と航空機を派遣している。

こうした活動にも道を開いたことには、世界の平和と安定のために実際に汗を流して働く日本の姿を見せるという大きな意味がある。

中国の儒学者・荀子《じゅんし》曰く。「青取之於藍、而青於藍」（青は藍より出でて、藍よりも青し）。瞼の実父に勝るとも劣らない指揮官率先主義と人命尊重主義を実践しきった落合指揮官とその部下たちのペルシャ湾での戦いは、決して過去の英雄譚ではない。

第一章　ペルシャ湾掃海派遣部隊・落合指揮官誕生！

湾岸戦争（平成三年〈一九九一年〉）から、早くも二十二星霜が過ぎた。

湾岸戦争と日本の貢献策

平成二年（一九九〇年）八月二日、イラクは突如隣国のクウェートに侵攻を開始して同日中にほぼ全土を掌握した。

これに対し、国連の安保理事会はその日のうちにイラクの即時無条件撤退を求める決議第六六〇号を採択した。米国はただちに空母機動部隊の湾岸地域派遣を決定し、七日にはサウジアラビアの要請を受けて同国への兵力の展開を開始した。続いて、英、仏などＮＡＴＯ諸国やエジプトなどアラブ諸国も軍を湾岸に派遣し、多国籍軍が形成される。

米国にとっては、一刻も早く兵員、武器、弾薬、さらに膨大な補給物資を湾岸に運び込み、即応体制を整えることが課題であり、日本に対しても八月十四日、ジョージ・Ｗ・ブッシュ大統領が海部総理に対し直々に軍事的な貢献を求めた。手嶋龍一著『一九九一年日本の敗北』（新潮社、一九九三年）によると、ブッシュは「日本も西側共通の利益を守るために行動しているというシグナルを世界に送ることが重要だと思う。日本が掃海艇や給油艦を中東の海域に出してくれれば、それを実現することになる」と述べた。この要請を受けて、日本政府は商船や民間機による輸送の協力を模索したが、目に見える成果を上げることはできなかった。

結局、我が国が対外的な貢献策を海部総理の口から発表できたのは、八月も末の二十九日だった。しかも米国を含む国際社会から期待されたものとは大きく乖離していた。

人的協力としては、自衛隊の派遣は一顧だにされなかった。多国籍軍に対する医療団の派遣にとどまった。

資金協力としては、周辺国支援および難民援助のための協力をすると述べていたが、具体的に書き込まれていた金額は難民支援のための一〇〇〇万ドルのみだった。

結局、資金協力は、多国籍軍支援のためとして、八月三十日に橋本龍太郎蔵相が発表した一〇億ドル、九月十四日にさらに一〇億ドル、また同日、周辺諸国支援としてヨルダン、トルコおよびエジプトの三ヵ国に対する二〇億ドルの経済協力と小出しになってしまった。翌平成三年（一九九一年）一月十七日に湾岸戦争が始まると、二十四日に多国籍軍に九〇億ドルの新たな資金協力を行なうことを発表した。のちに、これら四件を合計して「一三〇億ドルの資金協力」と称するようになる。

その後も、日米間では多国籍軍への九〇億ドルが円建てかドル建てかという問題で紛糾した。為替相場が円安になったらドルベースだと目減りしてしまうので補填が必要ではないかというのである。湾岸戦争では、制空権を押さえた多国籍軍は地上戦でも圧倒的勝利をおさめ、二月二十八日に多国籍軍はイラクに対する戦闘行為を停止した（正式な停戦の発効は四月十一日である）。

戦闘終結にともない、「可視的」かつ「具体的」な国際貢献を行なうことが我が国の責務であると主張する声が政界のなかで次第に高まってきた。折しも、ドイツは三月六日、イラク軍によってペルシャ湾全域に敷設された約一二〇〇発の機雷を除去するため、米国および国連から協力を要請されたことを受けて、海軍掃海部隊を同海域に派遣する旨を発表した。

機雷の除去はなぜ必要なのか。機雷は大変恐ろしい武器だからである。防衛庁技術研究本部（技本《ぎほん》）で水中武器の研究開発に長年携わった遠藤行俊氏によると「だれもが避けたがるが、だれもが避けて通れない恐ろしい兵器、それが機雷である。その強烈な破壊力は、漠然とした不快感を与える。これといった欠点がない機雷は、安価な兵器で、使う側にはほとんどリスクがない。機雷は、攻撃されない。機動力が高く活動的な海軍でも、唯一気がかりなのは機雷だといえる。機雷は、劣勢な側が使いたがる兵器でもある。強力な海軍にまさにやられようとしている側は、大量の機雷を作り使用するしかない」（「防衛技術ジャーナル」二〇〇九年四月号）

第二次世界大戦の敗戦国ドイツがこのように海軍派遣に踏み切ったことは、日本の朝野に衝撃を与えた。四月十二日、政府は掃海艇派遣に必要な手続きを踏むことを決めた。打つべき手は、最後の奥の手である掃海隊派遣しかないと認めざるを得なかった。

一方、海上幕僚監部（海幕）においては、二月中旬の段階で、もはや日本の行ない得る国際貢献の可能性は、戦後処理としての掃海作業にのみ求められるとの判断に立ち、計画策定努力の重点を邦人輸送から掃海部隊派遣に移行した。そして二月二十八日の戦闘行為の停止、三月一日の戦闘停止の状況を受けてからは、掃海部隊の派遣に絞り、自衛艦隊司令部・第一掃海隊群・関係総監部などを包含して、具体的計画の策定作業を進めていった。

天ツバの指揮官拝命

平成三年当時、我が国は今と違ってPKOに参加していない。日本政府も日本国民も、過度の軍事アレルギーから、国際協力を求められると、民間人を出すことしか思い浮かばなかった。落合は、自衛隊の部隊を派遣するのがベストなのになぜ実現しないのかと歯がゆい思いだった。

湾岸戦争停戦後に日本政府は民間の医師団を派遣したが、技術者だけを送り込んでも「喰う寝る所に住む所」を世話しなければならないのでかえって足手まといになりかねない。最も現地で歓迎されるのは、自衛隊のように何でもセットにして持参できる自己完結した集団だというのが世界の常識だ。

平成二年八月二日からのイラクによるクウェート侵攻当時、落合畯《たおさ》は長崎地方連絡部（地連）部長の職にあった。平成元年（一九八九年）八月一日付で着任してちょうど一年である。自衛官の募集が主任務だが、仕事の一部として落合は県内のロータリークラブやライオンズクラブや地域の防衛協会などから依頼を受けて、県内あちこちへ防衛講話の講師として呼ばれる。このクウェート侵攻問題以降、テーマとして湾岸戦争に対する我が国の対応、とくに自衛隊の役割について、どう考えるべきかという難しいものが増えた。

落合は、国民からも支持を受けられるもので、国際社会からも感謝される最も適切な自衛隊の活動は何かをまじめに考えた。その結果、当時はまだ国際平和協力法などの法律もなく、陸自や空自の派遣はとうてい国民の広い支持を得られないであろうし、やはり、イラクがペルシャ湾に敷設した機雷の除去のために掃海艇を派遣することだという結論に達した。何と言っても、資源の乏しい我が国は、原油の七割以上を中東から輸入しており、日本のタンカーや商船がペルシャ湾を航海している。日本の船舶の航行の安全を図ることは日本政府としての重要な責務であるので、国民も広く支持してくれると考えたのだ。

この平成二年より遡ること三年前の昭和六十二年（一九八七年）には、イラン・イラク戦争の激化にともない、イラク側が敷設した機雷がタンカーの航行を危険に陥れ、海運業界などから日本の掃海艇の派遣を求める声が上がった。当時の中曽根総理が内閣法制局や各省庁に検討させて、現行法令の範囲内で機雷除去のために海自掃海艇を派遣できるということは確認済みであった。

昭和六十二年の検討時も、平成三年の派遣時も、根拠法令は自衛隊法第九九条（当時）であり、「（機雷の除去等）海上自衛隊は、長官の命を受け、海上における機雷その他の爆発性の危険物の除去及びこれらの処理を行うものとする」と規定していた。地域を限定していないのがミソであった。自衛隊は、世界中のどこの海でも機雷掃海を行ない得る。

落合は講話の機会があると、「日本から、約七〇〇〇海里（約一万三〇〇〇キロメートル）のペルシャ湾までを、一〇ノット（約時速一八キロメートル）で、あたかもカルガモのヒナのトコトコ行進のように進む掃海艇で航海すると、片道約四〇日間かかる。現地で貢献の成果を上げるには、日本を出発するタイミングは遅くても二月中か三月初めになる」と目算して訴えていた。

落合地連部長はある日の講話でこう語りかけた。「湾岸戦争に対し、国際社会から、カネだけ出して人的貢献をしない『一国平和主義』と非難を浴びております！　また、国内でも、各界から日本も何か人的貢献をすべきだとの声があがってきております！　湾岸に対して、私ども自衛隊としましては、貢献策として、根拠法令がないので、陸上自衛隊の部隊を派遣するということはできないと思います。航空自衛隊の戦闘機等を現地に派遣するということも国民の皆様の理解が得られないのでできません。そうすると新しい根拠法令等がなくても自衛隊として貢献できることは、海上自衛隊による機雷の掃海しかないと思うのです！　時期的なことを考えると、ただちに掃海艇の部隊をペルシャ湾に派遣するべきだと考えます！」

ところが、一方で落合は、地連部長というポストは、通常、着任したら二年務める官職であるので、着任後まだ二年も経っていないことと、海上自衛官であっても地連部長の人事を動かすことは陸幕長の同意がないとできないのが不文律となっていたので、自分自身がペルシャ湾に行くことは絶対にないと信じていた。

　時期的には、どこかの地方総監部の防衛部長で落合より期が上の掃海専門家が三月に異動してペルシャ湾に行くのだろうと他人事《ひとごと》のように思っていた。

白羽の矢

　落合より防衛大学校で六期後輩の古庄幸一元海幕長（平成三年当時、海幕広報室長。防大一三期で掃海出身）は、当時の佐久間一《まこと》海幕長（のちに統合幕僚会議議長）が選んだ人物の筆頭が、落合畯群司令だったと断定する。

　当時、東京の海幕では、皆が落合より期が上の人が行くと思っていたが、佐久間は、目標を多くの機雷の処理よりも、ともかく無事に帰ってくることに置いて、「情の人」のほうをとったのだろう。日露戦争のとき、山本権兵衛海軍大臣が東郷平八郎を「あれは、運の強い男だから」と言って連合艦隊司令長官に選んだのと似ているかもしれない、と。古庄は、佐久間が落合のキャラクターの隅々まで知っているので、安心して任せたと考える。

　派遣部隊の指揮官に落合を名指しした佐久間の真意はどうだったのか。現役時代、その鋭い分析と判断で「カミソリ佐久間」と異名を取った海幕長は、日本の名誉と命運をかけた部隊の成功にとって、現場指揮官が鍵を握ると信じていた。

佐久間は、三月十五日までに派遣するなら、落合より一期上で掃海畑の人を考えていた。しかし三月の異動時期にかかったので、その後は落合しかいないと考えていた。佐久間は指揮官としての統率力に着目していた。指揮官には、現地で厳しい事態になっても部下がついていける人格の者をと思った。技術ならまわりによいスタッフがつけられるので、すべての細かいことまでは指揮官ができなくてもいい。国家の危急存亡の秋《とき》に当たり、人事異動できるポストに落合がたまたまいたことは、日本にとって幸運だった。

佐久間は海幕長として、派遣部隊とは一蓮托生の気持ちでいた。隊員全員がよくやったのだが、それをまとめたのは何と言っても落合指揮官の力だ。落合が若いときから掃海艇の艇長を命じられ、まさに下士官、兵隊と一緒に汗を流してきたのを、佐久間はよく知っていた。落合自身が現場の指揮官たる者の心得として強調するのは、「先憂後楽」。すなわち、まず部下のことを思えという精神だ。

落合は、「実父の『指揮官が常に先頭に立つ』『部下のことをまず第一に考える』という精神は、私がペルシャ湾での任務についたときに常に念頭にあった」と述べている（「文藝春秋」二〇〇七年九月号）。

まさに、「蛙の子は蛙」、徹して部下を大事にした大田中将の息子にふさわしい指揮官のあり方を目指してきた。落合には、帝国海軍からの隠語で「両舷直《りようげんちよく》」と呼ぶスピリット、つまり休みなしで前線に立つ精神が身についていたのである。

佐久間は後に、自分の人選の正しさを直に知ることになる。佐久間が現地を視察した際に若い掃海隊員から、「仕事は厳しい、しかしオヤジ（落合群司令）がやろうと言うから、我我もやるんです」と頼もしい発言を聞いて嬉しかった。

幕僚の人選

佐久間は、幕僚、すなわちいろいろな分野で指揮官を補佐する幹部の人選は落合の言うとおりにすると了承し、好きに決めさせた。掃海幕僚として落合を支えた石井健之二佐や藤田民雄二佐は、建造中の掃海艦の艤装員長に予定されていた。ところが、佐久間が自ら二人を海幕長室に呼んで、艤装員長をやりたいだろうが、今からやる仕事は大変にやりがいのある仕事だから、君たちの力が必要なんだと口説いて受けてもらった。

艤装とは、建造中の船体の武器や通信機材など諸々の装備を取り付けることである。建造中の艦艇が進水すると、将来の乗員が艤装員として艤装の状況を確認していく。艤装員たちの長を艤装員長と呼び、就役すると艦艇長となる。

落合は、土方《どかた》、つまり突撃タイプであり、ムードだけで気合いを入れろ！　と檄を飛ばすタイプを自認しており、掃海のオペレーションの上で主に落合を補佐した幕僚たちとして、性格の違うタイプの、理詰めでやれる首席幕僚・宮下英久一佐、掃海幕僚の石井二佐と藤田二佐がいたので、人事の組み合わせの妙が発揮された。

最先任の総括的幕僚として一番の補佐役を務めた首席幕僚の宮下一佐は、温厚で慎重、おとなしく、理論理詰めで考えるタイプ。数字でものを考える人で、落合と好対照で細かい性格。

石井二佐は、専攻科と呼ぶ、三佐クラスの幹部に術科の専門家としての教育を行なうコースの出身。米国留学経験者で英語が上手。掃海のオペレーションを担当した。数字がないと納得しない性格で、米海軍との掃海の打ち合わせで、例えば「炸薬《さくやく》は何本使うか」などの細かいところまで詰めた。

炸薬とは、爆弾などに詰めて爆発させるのに用いる火薬の一種である。

藤田二佐も、留学組で英語が達者。潜水員を使うオペレーションのエキスパート。性格的には落合に近く、「はるばるペルシャ湾まで来て、今までの訓練の結果が出せねば、何の顔《かんばせ》があろうかあっ!」と檄を飛ばすタイプ。

落合は、自分自身が「掃海のエキスパート」というよりも、かつて海幕人事課の補任班にいたおかげで、「掃海に詳しい人」をよく知っていただけだと謙虚に振り返るが、なるほど、かように違うタイプの指揮官と幕僚が組んでいたからけがもなく、ことが進んだのだ。まるで、「水滸伝」の宋江——錚々《そうそう》たる顔ぶれの強者たちの特技を知り抜いて梁山泊のリーダーとして慕われた宋江のような指揮官だ。

落合の戦いの開始

当の落合自身は、近しい仲にある兄貴分のような佐久間海幕長の目論見には気づかなかった。

平成三年二月中旬、落合は上司に当たる陸自の西部方面総監から呼び出しがあり、熊本県の健軍駐屯地にある方面総監部に出向いた。

総監「おい、長崎部長、呉に掃海隊というのはいるのかい」

落合「はい、おりますが」

総監「君、そこらしいよ」

落合「エッ……八月に異動ですか」

総監「違うよ、来月だよ。然るべきことがあるようだから、心の準備をしておきなさい。あくまでも、内密にね」

落合は呆然とした。自分自身がはるばるペルシャ湾に行く羽目になろうとは……。落合独特のおかしみ――周囲を味方にしていくようなユーモア感覚が滲《にじ》み出るのはここからだ。

総監からの内々のお達し以降は、湾岸関係の講話の席上、「エ～、皆さん、まだ国民的なコンセンサスが得られていないので、掃海艇の派遣は時期尚早であります」と現金にも論調を変えたが、時すでに遅かった往時のことを、天唾ってやつですかね……天に唾すれば、自分に降りかかるものですと彼一流の諧謔精神で表現する。

しかし落合は、いったん群司令の辞令が下ったら、後は不退転の決意で無事故の勝ち戦を祈念し、できうる限りの準備をしていた。

平成三年一月十七日に湾岸戦争の戦端が開かれたが、掃海艇を出すならば、モンスーンが吹いてインド洋の荒れる前、本来であれば三月中に日本を出発しないといけない、そういう切羽詰まった状況にあった。

落合が指揮官に任命されてから、フネと隊員の準備をして出港するまでに約一ヵ月しかない。時間との戦いである。

佐久間の激励

派遣の責任者として、佐久間海幕長は苦悩した。「万一犠牲者が出たら、海上自衛隊はダメージを受ける。しかし海自は国のためにあるのだ。仮にダメージを受けても派遣すべきだ」こういう気持ちの整理をつけた。ただ、現地で危険にさらされる隊員の生の声はどうしても直々に聞きたかった。

出港前に佐久間は六隻ある艦艇を一隻ずつ回り、海曹クラスの隊員も含めて懇談の機会を設けた。

佐久間の意向を最初に聞いたとき、落合は率直に、現場は出港前で忙しいのだから来られては困ると返事した。しかし、儀式的なことは一切いらないし、隊員の激励に行くのであると佐久間が言うので、来てもらうことにし、フネでもごく普通の隊員を集めて、遠慮なく本音を言わせた。

佐久間は落合に、出発前の呉で二つのことを頼んだ。一つが、機雷処分の任務を果たしてくること。もう一つが、安全、つまり五一一人全員を無事に連れて帰ってくれということ。もちろん、佐久間本人も矛盾しているとわかっていた。

佐久間が横須賀、佐世保、呉を回ってみると、地域差があっておもしろかった。横須賀の隊員の状況が一番厳しく、口は立つけれど腰が重い。佐世保は行け行けドンドンで、懇談中に、「もう、よかと。はよ、行きたか（もういい、すぐ行きたい）」と言いだす者までいて、佐久間も笑ってしまった。呉の隊員はおとなしい。呉では「造船所などが寄越した試作品、水中カメラ付き掃海具などを積んでいます」と報告があった。

率直な質問が次々に出て、佐久間の随行の海幕の者が、君たちは行きたくないのかと厳しく問い質す一幕もあった。しかし隊員の一人が立ち上がって「我々は現地へ行って立派に任務を遂行したいから、わからないこと、不安なことを聞いているのだ。行きたくないなどと誤解されるのは誠に心外である」と泪を流さんばかりに述べた。

隊員からは、聞くのが辛い発言もあった。「出発の準備で家にいる時間が少なく、子どもの寝顔しか見られなかった」「もし自分に何かあったら、子どもを大学まで出してください」など。遺書を書いた隊員もいた。

佐久間は直々の激励を終えてホッとした。隊員たちの大小様々な悩みや不安を直接知ることができた。隊員たちの心の奥底からの本音を知り、佐久間の胸に、海上自衛官四万五〇〇〇人の指導者として一人残らず無傷で任務を終えさせるのだ、俺はそのために命を賭けるのだ、という想いはいや増して強まった。

みんなの心を一つに！

出港日の平成三年四月二十六日が来た。奇しくも、海上自衛隊創設記念日、すなわち、海上自衛隊の前身たる「海上警備隊」（海上保安庁長官直属の新組織）が昭和二十七年（一九五二年）に設置された日である。縁起をかつぐ風潮のある海上自衛隊にあっても、これはまったくの偶然であった。

横須賀から掃海艇「あわしま」「さくしま」および補給艦「ときわ」が、呉から掃海母艦「はやせ」および掃海艇「ゆりしま」が、そして佐世保からは掃海艇「ひこしま」が、それぞれ奄美大島を目指して錨を上げた。総勢六隻の、平和のための部隊である。

総指揮官や幕僚たちも乗った掃海母艦一隻、掃海艇四隻、補給艦一隻のあわせて六隻、総員五一一名。六隻の艦艇は二十八日、奄美大島の笠利湾に集結し、本格的に「ペルシャ湾掃海派遣部隊」を編成した。

佐久間海幕長による訓示の一部を紹介する。

「……湾岸戦争に際して、我が国はその国際社会に占める地位に相応しい国際的貢献を果たすことができなかった。このため、我が国は国際社会から厳しい批判を浴びるとともに、国家としての生き方そのものをも、今まさに問われようとしている。今回の掃海部隊の派遣は、このような我が国を取り巻く厳しい国際情勢の中にあって、我が国が国際社会に対する責任を果たすために、唯一残された、かつ国際社会から評価される貢献策である。その意味で今回の行動の正否は今後の日本の命運を左右すると言っても過言ではなく、諸君の行動の一つ一つが国際社会における我が国の名誉回復に繋がるものであることを肝に銘じてもらいたい。

（中略）最後に、諸君を送るに際しての私の心情を、先人の歌に託してはなむけに代えたい。
『白雲の　八重に重なる　遠国《おち》にても　思はむ人に　心隔つな』」（「たおさタイムズ創刊号」四月二十六日より）
「どんなに遠く離れていても、私の魂は常に君たちとともにある。二六時中思っているから、安心して実任務を果たしてほしい」との佐久間の心根である。

判断に迷ったら、安全に転べ

四月二十九日早朝、派遣部隊は幕僚・掃海隊司令・艦艇長を「ときわ」に集めて研究会を開催した。幹部の中にも落合指揮官のことを知らない者もいるので、初顔合わせになる。落合群司令はこの席上、後に名訓示となった発言をした。

まず冒頭で、極めて短期間の内に長途の航海準備を進め、予定どおりに出港、集結できたことに対する謝意を述べた。

「我々はこれから、イラクがペルシャ湾に敷設した機雷の除去に行く。目的は、ただ一つ、機雷を除去して船舶の航行の安全を確保すること、この一点に全員の気持ちを一つに合わせ、任務遂行に最善を尽くそう！　掃海作業の実施に際しては、安全を最優先する。オレたちには時間が永遠にある。来年の春には皆で呉の串山で花見を楽しもうというぐらいの気持ちを持って、焦らず、急がず、判断に迷ったら安全を選択しよう」

これが「安全最優先」の宣言である。

単縦陣で南シナ海を南下する海上自衛隊の掃海艇

落合は、人体の安全と人命を最優先するのだと明言したが、その言葉の行間にあるのは「実績面で多少不足があったなら、その責めは指揮官の俺が一身に被るから、心配するな。よい格好したくてけがなんかするんじゃないぞ」という部下への深甚の配慮である。簡易明瞭な言葉の奥底には、部下たちへの尽きせぬ愛情があった。徹した人命尊重主義者であった落合の実父・大田實《みのる》中将の俤《おもかげ》を彷彿とさせる。

落合は派遣期間中も、この「安全最優先」という内容を「判断に迷ったら、安全に転ぼう！」というざっくばらんなキャッチコピーを用いて、繰り返し繰り返し、隊員たちを焦りからくる蛮勇に走らせない配慮を尽くした。

機雷掃海の実任務には、命の危険がともなう。まして、普段の訓練とはまったく異なる体験したことのない海域だ。

シンガポールで、わずかな時間だけ上陸を許された隊員はひとときの憩いの時間を得た。ここで補給艦「ときわ」所属の海曹は、掃海艇乗りの海曹が「俺たちは、もうじき死ぬんだ」と怯えていたのを目撃した。この話は佐久間の耳にも届いた。

落合は、もう一点、隊員たちが後顧の憂いなく任務に従事できるようにと、配慮の打ち出しをした。

「皆はこの一ヵ月間、横須賀、呉、佐世保の各母港において、所要物品の搭載あるいは改装工事などのため、早朝から夜遅くまで準備作業に追われて、留守を預かる家族と今後のことについて、ゆっくり話をする十分な時間がなかったことと思う。家族に心配をかけてはいけない。家族との連携をしっかりするため、これからはどこの寄港地からでも、必ず家族に手紙を出し、連絡をとるようにしよう！」

落合は自分の家族にはあまり手紙を出さなかったが、各隊員の留守宅の家族全員（隊員の妻や両親）に対して暑中見舞いを書いた。

この二点は、派遣部隊全員へ、それぞれ指揮系統を通じて伝達された。

落合とは初対面で、それまで彼の人となりも知らなかった「あわしま」艇長（当時一尉）の桂眞彦には、落合は長らく掃海畑から離れていたので掃海の人だという意識がなかった。笠利湾の訓示の後、落合へのイメージは終始一貫、激怒しない、細かいことは言わない、隊員たちにも「頑張って」「気にすんな」と言っていたことだ。


いざ、出陣！

四月二十九日、〇九一二、「出港せよ」が下令され、「はやせ」を先頭に単縦陣で出港した。

部隊は奄美大島の東側を航行し、一路フィリピンのスービック港に向け南下した。

一四〇〇頃、隊員たちは、これ以上は望むべくもない嬉しい激励に接した。派遣部隊の上空を、厚木基地所在の第六航空隊所属P－3Cに搭乗した佐久間が、見送りのために飛来したのだ。

「私はたまたま日本国内の海幕にいるけれども、心はつねに諸君と共にある」とのメッセージが送られてきた。

戦後初めて任務の前線に向かう健気な隊員たちの心がわかる海幕長。その熱い真心に感謝した派遣部隊の艦上からは、隊員たちが力の限り、機影が見えなくなるまで「帽振れ」で答礼した。

これをもって、佐久間は日本丸の命運を落合に託した。

第二章　掃海屋の悩みと誇り

「はやせ」艦橋の落合

落合畯《たおさ》を指揮官とする六隻編成の派遣掃海部隊に、海上自衛隊はOMF（Overseas Minesweeping Force）という正式名称を付けた。

掃海母艦「はやせ」（二〇〇〇トン、全長九九メートル、実速一八ノット）を先頭に、「はつしま」型掃海艇（約五〇〇トン、実速一〇ノット）が建造の順番に「ゆりしま」「ひこしま」「あわしま」「さくしま」と続き、トリを取るのが一番大きい補給艦「ときわ」（八一五〇トン、全長一六七メートル、実速二二ノット）。この順番を崩さず、単縦陣で、最も足の遅い掃海艇に合わせて、部隊全体が一〇ノットで進んでいった。

これら四隻の掃海艇は、感応機雷（磁気などに感応して発火する）を発火させないために、磁気を帯びない木造船である。

掃海艦艇とは、どのようなフネなのか。平成二十五年（二〇一三年）時点で現役の掃海母艦「うらが」と掃海艇「のとじま」(「すがしま」型二号艇)を見る。

同じ掃海母艦でも、「うらが」は「はやせ」に比べ、船体が約一・五倍(全長九九メートル に対し、一四一メートル)、大きくて立派なフネだ。メイン甲板から艦内に入り、航海の指揮を執る艦橋を目指すには、ラッタルと呼ぶ艦内の細く狭く急な鉄の階段をいくつも昇る。一段ほどもある階段を立て続けに四本も昇って艦橋に辿り着くのは、素人には体力的にキツイ。

掃海艇「のとじま」の居住区は、「一〇歩歩けば、壁に突き当たる狭い世界」である。それでも、ペルシャ湾当時は三段ベッドで一〇人一部屋だったのが、いまでは曹士も二段ベッド。ただし、プライバシーはベッドと、鍵付き縦長ロッカーと、小引き出しがすべての世界である。

落合は「はやせ」の艦橋にいる。

艦橋には、艦首に向かって一番右側に、赤と青のツートン・カラーで真ん中から縦に染め分けられたカバーのかかった艦長・横山純雄二佐の席があり、ここで航海長らに運航の指示をしている。赤と青の二色は二佐以下の指揮官を示すものだ。

反対の向かって一番左側の、赤一色のカバーがかかっていた席が落合の居場所である。

落合は、佐久間一海幕長の特別の配慮によって、ペルシャ湾派遣部隊に人員補強措置が行なわれたことを心強く思った。掃海艇は日頃は定員割れしているが、補充者には国際的な活動の経験者を優先的に差し出すよう指示してくれた。

海上自衛隊は、遠洋航海や日米共同訓練の形で早くから国際的な活動をしており、経験の蓄積では他の自衛隊にまさっていた。落合も遠洋航海に同行したり、グアム方面実習航海、リムパックに参加した実績がある。もともと掃海は日米共同訓練の先駆けとして、早くも昭和三十一年（一九五六年）、佐世保沖で海自として初の共同訓練をやっていた。

隊員をポストに充てることや交代に当たり、佐久間は、「充足率一〇〇パーセントとする」「固有の編成を崩さない」の二つの原則を示した。フネは一つのチームだから、今までの乗員を外して他所から優秀な者を連れてくればよいとは言えないのである。

佐久間の指示した原則に基づき、健康や家庭に著しく不安のある者、教育課程への入校を間近に控えた者を交代させ、足りない人員は全国の部隊から差し出しを受けて補充した。蓋を開けてみたら、隊員は質的には玉石混淆だった。

掃海部隊は、日本沿岸の「掃海」という実任務を遂行するという特徴のため、元来は国外派遣の経験者は少なかった。しかし、硫黄島沖での訓練―実機雷を使う実爆訓練―を経験した者が掃海マンのうち五〇パーセント以上いると聞いて、佐久間は、これなら派遣部隊は未知のミッションに挑むのも大丈夫と思った。

普段の掃海訓練の時期と場所をみると、平成二十四年度の場合、大きい訓練は四つあった。六月の硫黄島、七月のむつ湾、十一月の日向灘、そして二月の八代海。八代海での訓練は初めてのことである。平成二十年まで、二月の訓練は周防灘で行なっていたが、地元との海面使用交渉が困難になり、別の場所を探す苦労が年々続いている。

訓練のうち、とくに硫黄島の実機雷処分訓練（内輪では「実爆訓練」と呼ぶ）は二〇〜三〇発の実弾の機雷をドカンと爆破処理するので、この訓練は掃海マンの「静かな自信」となってきた。とはいえ、硫黄島での実爆訓練に参加できるのは掃海隊群の一個隊と地方隊の二個隊だけである。

ペルシャ湾に赴いた森田良行元第一四掃海隊司令も、ペルシャ湾での作業中に、年に一度行なわれている実爆訓練のような実際に即した経験が大切だと痛感した。「実爆」訓練を行なっているのは、世界の海軍のなかでも海自だけなのである。

しかし、実爆訓練が掃海マンの実力アップに決定的に有効であっても、硫黄島付近は、台風が来たり、海が荒かったり、漁業組合との調整を必要とするので、訓練の頻度を上げられないでいる。

落合は、ペルシャ湾が海上自衛隊はもとより帝国海軍時代から未体験の地域であることに不安もあった。アラブ文化圏での禁酒や女性へのエチケットなど文化の違いからくる問題を心配したが、幸いにして杞憂で済んだ。

アラブ文化に詳しい作家の曽野綾子さんから佐久間経由でアドバイスをいただいたのも役立った。佐久間が旧知の曽野さんから派遣決定後にもらった手紙には、アラブの立場では、「ペルシャ湾」とは呼ばないで「アラビア湾」と呼ぶとか、海上にも蝿《はえ》が飛んでくると書かれていた。蝿の話の深刻さは、そのときは信じられなかったが、手紙をすぐに落合に送り、実際に役立った。

中東、就中、ペルシャ湾沿岸諸国に関する情報がなかったのは、これまで海自の遠洋航海を行なう練習艦隊でさえ寄港したことがなかったからだ。中東戦争、イラン・イラク戦争など紛争地帯だったからであろう。

それにしても、平時の情報収集は大事である。自衛隊の国際活動が本格化した今日、短期間で行なうしかない事前調査の不備を補完するため、現地でないとわからない安全・文化・生活等の情報を知るために、防衛省の情報本部は機能すべきであろう。

桂眞彦「あわしま」艇長

桂眞彦一尉（当時）は、派遣された四隻の掃海艇の艇長のなかで最年少の三四歳であるという理由もあり、当時のマスコミから最も注目を浴びた。

当時落合は、桂が第一術科学校の中級課程を出てすぐペルシャ湾に行くことになってしまったが、一人で行くわけではないからと激励した。終わってみれば、桂がよく持ち堪えたなと落合は感嘆した。

若き桂艇長の出陣の模様。

佐久間が佐世保地方総監の時代に、桂は副官を務めていた。それで佐久間は桂に、出産間近の奥さんを残して行くことについては大丈夫かと単刀直入に訊いた。桂は、こういうときは行くと家内に言ってあるので大丈夫ときっぱり言った。

元「あわしま」艇長の桂眞彦一佐は、平成二十五年（二〇一三年）四月現在、横須賀にある掃海隊群司令部の幕僚長を務める。

桂のケースは、ペルシャ湾派遣前夜のあわただしい臨場感を如実に伝える。

桂は、平成二年（一九九〇年）四月に中級掃海課程に入校し、平成三年（一九九一年）三月下旬に修了（卒業）した。八月に湾岸危機が起こり、十一月頃には停戦になったら掃海艇が行くことになるかも知れない、今度こそは昭和六十二年（一九八七年）の中曽根内閣のときのイラン・イラク戦争の際とは違って、出さなければならないだろうという話が聞こえていた。掃海艇を出すなら自分も参加したいと密かに思っていた。

しかし、平成三年二月、第一掃海隊群の宮下首席幕僚から桂以外の他の学生には次の配置の内示があったのに桂にはなく、三月下旬の修了間際になっても横須賀方面としか言われなかった。ある日の夜十一時、海幕人事課の担当のH二佐から江田島の桂の官舎に電話があり、「あわしま」艇長への発令を考えているけれど、ペルシャ湾に派遣される場合には発令を取り消し、戻ってくるまで半年か一年の間、海上自衛隊第一術科学校付で待っていてくれないかと告げた。

桂は、一週間後に艇長への発令の電報を受け、「あわしま」はペルシャ湾へは行かないことになったのだと理解して着任した。しかし、横須賀に着くと、現場の「あわしま」乗員は九九パーセント行く気でいた。

桂自身は、派遣されるチャンスがあれば名誉なことだとは言っても中級課程を出たばかりだから、行くのは無理かなと思っていたので、武者震いするほど嬉しかった。

「あわしま」の緊張感――上下ともに

桂は、派遣が決まった後は、安全第一、危険なことはしない、させないでいこうと決意した。

「あわしま」は、派遣決定から出港までの短期間にあわただしく訓練を行なった。

まず「出入港訓練」と臨時の「磁気測定」を行なった。

一日だけ相模湾で複合掃海（磁気と音響で反応する沈底機雷を対象）の訓練をやり、また一日だけ千葉県富津沖で機雷掃討の訓練を行なったが、係維《けいい》機雷の掃海訓練はやれなかった。桂は本番で係維機雷の掃海があると思うと心配だったが、ペルシャ湾へ行ってみると、米軍ヘリが前駆《ぜんく》掃海《そうかい》のときに機雷をつないでいるワイヤーを切ってしまい、危険な浮流機雷になってしまう、これでは危ないからということで、係維掃海の方法は取らないことになっていた。

艇長は掃海器材の投入、揚収《ようしゅう》（引き上げること）の号令をかけなくてはならない。ところが桂が入っていた中級課程では学生が何人もいて、一部分ずつしか実習させてもらえないので、自身は複合掃海の揚収の号令しか実習できなかった。桂は現地に行ってから、すべての号令をかけるタイミングをつかむのに苦闘した。

（注）係維機雷とは、炸薬（爆弾）と発火機構が入れられている浮力を持った機雷缶が、海底にある係維器と呼ぶ重しに係維《けいい》策《さく》と呼ぶ繋ぎのワイヤーで繋がれていて、海中の所定

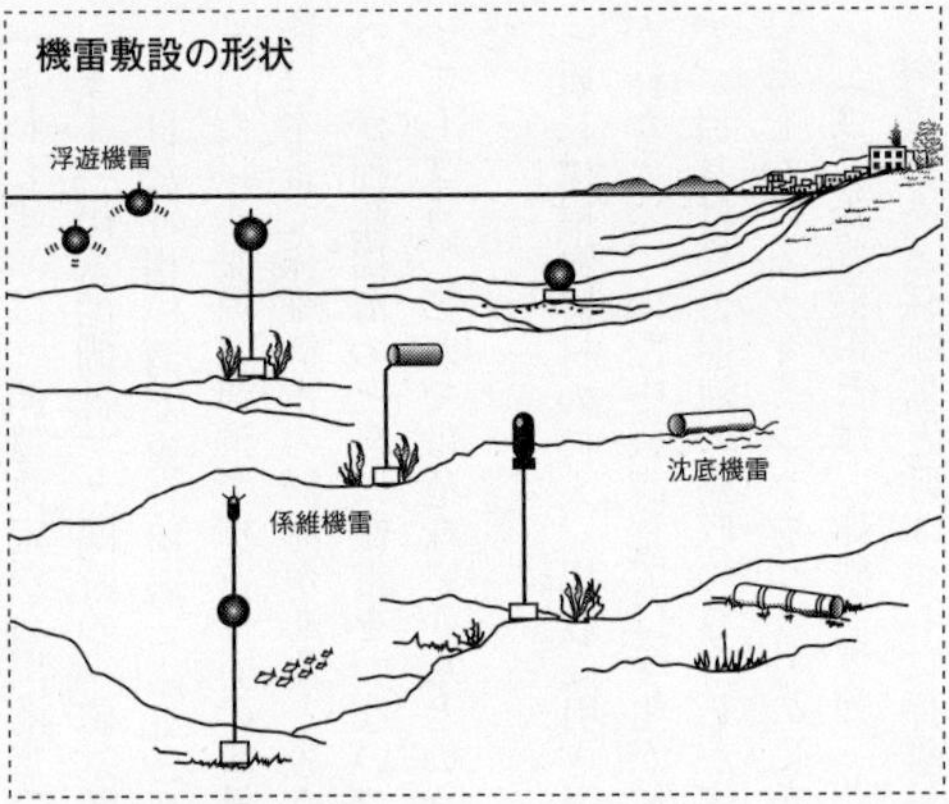

の深さのところに浮かんでいるもの。
(注) 前駆掃海とは、掃海ヘリコプターで実施する掃海作業のこと。
(注) 浮流機雷とは、係維機雷の重しとの繋ぎのワイヤーが切れて、海面をプカプカ漂っている状態の機雷缶。艦艇との接触などで起爆するおそれがあり、危険なもの。

同じ「あわしま」乗員だったEOD（水中処分員）の青山末廣《すえひろ》先任伍長（ペルシャ湾当時、二曹）は平成二十年（二〇〇八年）九月定年を迎えたが、同年八月初めまで掃海隊群の先任伍長を務めていた。精悍、篤実で爽やかな海の男。フジサンケイグループ主催の「国民の自衛官」に選ばれ、平成二十年九月十九日に表彰式が行なわれた。

元からの「あわしま」乗員だった青山は、艇長が海外派遣を目前に代わると聞いてびっくりした。ペルシャ湾に行くだろうと考えていたので、てっきり、新艇長はベテランが来るのかなと思っていたら、中級課程卒業すぐの若手艇長だったので、正直不安はあった。青山たち部下の立場からすると、新米艇長でも航海は問題ないが、掃海作業などの指揮ができるのか、部下の助言を聞いてくれるか、何か突発事の判断力はどうかということが気がかりだった。

派遣が急に決まり青山が困ったことが二つあった。

「あわしま」がペルシャ湾に行くことは、もう出発の一ヵ月前にはわかっていた。しかし、上司から「家族にも言ってはならない」という厳しい箝口令が敷かれていたので、言えないのが辛かった。結局、青山が妻に言えたのは二週間前、実家の両親には世間に公表のあった出発一週間前に告げた。

じつは、もっと深刻な心配があった。「ペルシャ湾に連れていくEODは、今フネに乗っている者にかかわらず、場合によっては、差し替えてでも精鋭を連れていく」という噂があったのだ。青山は、本当に俺たち「あわしま」EODも行けるのかと心配だった。万一、差し替えになって日本に取り残されたら、EODとして失格の烙印を押されることになり、大変な恥となる。

掃海部隊の出陣には、EODのプロとしての矜持がかかっていた。

幸先のよい報《しら》せ

「あわしま」桂艇長の奥さんは、掃海艦艇が出発したときには、すでに出産予定日が近い身重の身であった。それでも夫人はよく理解して快く送り出した。

四月三十日に桂の初子《はつご》である長男が誕生した。『三〇日一四二七　男児出産　母子ともに元気　航海の安全を祈る　妻』の電報が「あわしま」に届き、桂はそれを司令部に伝えた。落合群司令は、ヒノマル掃海部隊の大勝利を示唆するかのような嬉しい報せを寿《ことほ》ぐため、無線でメッセージを部隊全体に流した。「『あわしま』艇長に男児誕生の報に接し、OMF（派遣掃海部隊）全乗員を代表して、心からお祝い申し上げる。新生の子と我々の前途に幸多かれ」

落合指揮官は、自分自身が似たような年齢で（三三歳）、沖縄地連名護募集事務所長として単身赴任したときのこと、妻と生まれたばかりの長男を内地に残し、寂しさを押し殺して、自衛官としての職責を最優先したときのことを脳裏に思い浮かべていた。さらに落合は、自分が桂のように若手の艇長だった頃を思い出していた。

落合、掃海の道へ

落合は、昭和三十八年（一九六三年）三月、防衛大学校を卒業して江田島の幹部候補生学校へ進んだ。かつて実父も四年間、海軍兵学校生徒として学んだ地である。

落合は、江田島で候補生の頃には、教官の目が光っているなかでどうやって楽をして生き抜いていくかという生活に明け暮れ、帝国海軍の海軍兵学校教育と比較するという余裕はなかった。自分自身が一術校長（第一術科学校長）として江田島に帰ったときに、父のクラス（海兵四一期）が建てた留魂碑《りゅうこんひ》なども見て、初めて、「人間づくり」の理念は一貫していると感じた。

幹部候補生一年の後、一尉になるまでに五年かかる。艦艇要員に選ばれた落合は、この間に三ローテーションの配置を経験する。甲板士官、船務か航海士、次は機関科というふうに。中級課程で、落合は掃海を選んだ。中級課程で選んだ専門分野で普通は二佐まで昇進していく。

当時は、帝国海軍以来の価値観で「砲術にあらずんば、人にあらず」と言って、掃海の道に進むと「何かやったのか？」という感じで受け止められていた。これではいけないと、海幕が防大一期のトップクラスを掃海畑に付けたこともあったが、総じて希望者は少なく、嫌々引き受ける者がほとんどだった。落合は、いつ掃海を専門分野に選んだのだろうか。第一、なぜ掃海なのか。花形ではないどころか、相当地味な分野だ。

新隊員に職域を指定していくときも、耳がよいからソーナー員、目がよいからレーダー員、我慢強くて協調性があるから潜水艦乗りと上の方から引っ張っていかれ、残りカスが掃海に回されると言っても過言ではない。他所からは「ロープが引ければいいんだろ」などと言われた。

大田家の五女・勝子さんは、機雷の危険を除去して安全な航路を開く任務を担っていた海上保安庁航路啓開部《けいかいぶ》に勤務中、昭和二十五年の朝鮮戦争での掃海艇の触雷《しょくらい》事故を知り、これ以上戦争の悲惨を目の当たりにするのは厭だと転職されたと聞く。落合が掃海を選ぶに当たり、きょうだい間でとくに何も話はなかったのか。

落合は、勝子姉は確かにそういう経歴なので「航啓会」というOB会みたいなものにも入っていたけれど、そういう転職の経緯の話は知らないと言う。続けて、姉たちからは、帝国海軍の尺度で「たーちゃん、掃海なんかに行ったの」と軽蔑されたと苦笑する。

大田家の長子・中嶋みどりさんは真顔で打ち消した。軽蔑などということはまったくなく、ご主人の中嶋忠博氏は朝鮮戦争たけなわの頃、AKL（米軍輸送船）の機関長をしていたときに僚艦が触雷して沈められ、他人の戦争に巻き込まれて死んでは堪らないと辞めたので、掃海は地味な仕事だけれど大事な仕事だと思っていたのだ。

昭和四十一年（一九六六年）年十二月、落合は掃海艇5号の艇長に着任。弱冠満二七歳の艇長の誕生である。

その前は護衛艦「あきづき」の水雷士で遠洋航海に行っていて、次は「いそなみ」の応急長という内示を受けて、また遠洋航海に行けると落合は密かに喜んでいた。ところが、人事課から、一尉クラスの者が三人呼ばれて、各々別の種類のフネの艇長をやるように言われた。「これは、テストケースである。失敗したら、後が続かないと思え」と訓示を受けた。

5号艇長となったのは、落合が二尉になった直後。大きさわずか五〇トン（現代の掃海艇の一〇分の一）の浅海面専用の小型掃海艇。一〇人乗りで幹部は自分だけというフネだった。「小掃」とか「毛じらみ艦隊」と揶揄されたが、二尉の成り立てで一〇人の長となったというのは、防大出身者では初めてであり、当時は同期のみならず、先輩・後輩からも羨ましがられた。

後日談だが、駆潜艇、魚雷艇は続いたのに、掃海艇だけは後が続かなかった。理由について落合は、ニヤニヤと意味ありげな笑みを浮かべる。

掃海話を進めると、それまでは米軍が太平洋戦争末期に敷設した浅い所の機雷が完全には除かれていなかった。当時は、時給一八円の掃海手当が付いていて、落合は遠くを見る目つきで、旨味があったと回想。

掃海艇勤務は初めてのことで、手当がいただけることも知らなかったが、小なりといえども艇長という指揮官としての充実感、掃海業務の面白さと相まってありがたいことだと思っていたという。

飲み代の軍資金が少しでも増えてホクホクというような甘っちょろい気持ちではなかった。

落合は艇長を務めて、家族的な雰囲気が気に入った。若くても一国一城の主をやれるのは面白いと思ったのだ。時の一〇一掃海隊司令・安岡亀雄さん（海兵七六期）に、「貴様、掃海に来い、骨を拾ってやる！」と誘われた。そうして「いぶき」「たか」「あさぐも」……と指揮官の道が続いた。

叩き上げの海曹と苦楽を共にして、落合はベテラン海曹たちに絶大な信頼を寄せている。艦乗《ふなの》りは現場を数多く踏まないと緊急事態に対処できない。だから、いざというときは、優等生の対応を敢えてやめるというような、本当に求められる動作ができる彼らこそ頼りになる。

とくに掃海艇のようなところは、乗員四五名のうち幹部（三尉以上）は六名だけ。曹士は三段ベッドで、勤務環境としてはかなり厳しい。そういう所では、人間のメッキはすぐ剥げる。裸で馬鹿丸出しのつきあいでやらないとまとまらない。そこでCPO（Chief Petty Officer、先任海曹＝家庭で言うと兄貴分）室では「自分から進んでやる」「隊員の福利を考える」姿が絶大な信頼を受けていた。そういう点に若い人がついて行く。

先任海曹とは、先に海曹になった者という意味で、その大ボスが最先任海曹。これは先任警衛海曹を務める。

平成十五年（二〇〇三年）から最先任海曹は、先任伍長という呼称に変わった。平成十七年（二〇〇五年）の映画「亡国のイージス」で真田広之が好演した役が先任伍長である。

三枚舌の人事課長

落合は掃海艇の艇長を「5号」と「いぶき」の二隻務めた後、日立造船が舞鶴で建造中の機雷敷設艦「そうや」の艤装《ぎそう》員（就役後は、敷設長）になった。機雷敷設装置一型の戦力化のために、そのポストに長くいてほしいと上から言われていた。時期的には今後最低でも二～三年いてほしい、落合君は将来の「掃海の星」だぞと期待されていた。

落合は、就役後訓練の際に乗艦してきた怖いお目付役である指導隊にビシビシとしごかれた。それがやっと終わってヤレヤレとした途端に、昭和四十七年（一九七二年）三月のある日、大賀良平海幕人事課長（のち海幕長。海兵七一期）に昼飯に誘われた。

六本木の防衛庁内食堂でカレーライスをご馳走しながら、大賀は落合の肩をポンと叩いて

「沖縄に行ってくれよな、地連要員として」と告げた。愕然とした落合は、艦隊きっての張り切りボーイを陸にぶちあげ、そのあげく、よりによって艦乗りの本来業務でない地連にやるとは！　と大賀人事課長やその部下の人事課募集班長に噛みついたが、君がぜひとも必要なんだよ、と半分おだてられて、渋々了承した。

この日以来、落合は、海幕人事課長なんか二枚舌どころか、舌が三枚はないとやっていけない「裏表のある」商売だと思った。

時給一八円の特別手当が嬉しいこの時代、食堂のカレーライスは一皿八〇円位だったと落合は笑い飛ばす。

後に平成三年の日本丸を救うことになる指揮官・落合は、七歳のときに「毎日卵が食べられるっ！」と目を輝かせて東京の伯父宅に引き取られていき、中一の一二歳のときは先輩から林檎をもらって遂にインターハイにまで出る卓越した水泳選手となった。

三二歳で一尉という立派な中堅自衛官となったこの時点に至り、なんと、日本人が最も好む食べ物、しかもそのポピュラーさ故に廉価なカレーライス一皿で、無理無体な異動話に首肯している。

落合は気が弱いのではない。根っから食べ物に弱いのは事実のようだが、頼まれたら厭とは言えない任侠精神に富む漢《おとこ》なのだ。

落合一尉は、とりあえず、陸自の西部方面総監部募集課付の発令を受け、熊本の健軍駐屯地の外来宿舎に落ち着いた。しかし、心は憤懣やるかたなく、球磨《くま》焼酎と馬刺と辛子れんこんで連夜ヤケ酒をあおり、同年輩の陸自の長谷川重孝一尉らと共に上司である募集課長宅をしばしば夜襲した。昼は、当時まだ陸自にしかいなかった婦人自衛官（WAC〈ワック〉）の勇姿にボーッと見とれていた。田村洋三氏は著書『沖縄県民斯ク戦ヘリ』の中で「晙は実父・大田中将最期の地に何としても赴任したいと思った」「第三七掃海隊の艇長を人事に希望申請した」と記しているが、真相はかなり違う。

海上自衛隊では、人事希望について隊員が毎年四月に「配置調書」を提出することになっていて、第一から第三希望まで記入する。落合は「そうや」勤務中、昭和四十七年に沖縄が返還されたら彼の地に赴任したいので、今から希望を書いておけば二〜三年後に実現すると思い、「勤務地―沖縄」および「配置―掃海隊」と書いて出したのだが、騙し討ちみたいに勤務地のほうだけがパクッと取り上げられたのだ。

どんな職種でもよいから亡父最期の地に赴任したいと喜んで行ったわけではなかった。フネが好きでたまらない海の男にとっては、急なキャリアパスの変更は、むしろ迷惑であった。

後々まで、落合は、この大賀との経緯《いきさつ》を「カレーライス一杯で誤魔化された」といろいろな場所で十八番《おはこ》の笑い話にしてきた。大賀は朝鮮戦争のときに北朝鮮の元山《ウォンサン》沖で機雷の掃海をやった人で、そのお声がかりで平成三年に「掃海関係者OBの会」ができた。落合は、この会の世話役も後藤理《おさむ》氏（防大一期）から引き継いで、後輩の河村雅美氏（ペルシャ湾掃海作戦時、在バーレーン日本大使館において連絡幹部として派遣部隊を支援し、後に掃海隊群司令を務めた）にバトンを渡すまで、その役を務めている。

第三章　子だくさんの海軍軍人——大田實の人となり

旗艦「はやせ」を先頭に、六隻の派遣掃海部隊は沖縄の東方海上をひたすら南に進んでいく。

沖縄は落合の実父・大田實《みのる》の最期の地だ。

三男・畯《たおさ》が満五歳のときに大田は戦死した。畯の記憶にある父親は、家に帰ってくると冬ならドテラ、夏なら浴衣を着てひっくり返って寝ている姿など断片的なものだ。落合は、実父の人となりや父親としての姿に関する多くは、長ずるにしたがって母や姉たち、さらには海軍関係者からの耳学問で知っていった。

今、落合は、実父と同じ人命最優先・指揮官先頭の精神で行けば絶対に大丈夫だと確信しながら、産みの父・大田實のことを思い出そうとしていた。

九番目の子

大田（後に落合）畯は、昭和十四年（一九三九年）七月五日、横須賀市中里町の家の時代に大田實・かつ夫妻の九番目の子で三男として出生した。産婆さんが自宅に来て赤ちゃんを取り上げるのが普通の当時としては、まだ珍しい、横須賀海軍病院での出産だったと落合当人は自慢する。大田實が満四八歳のときの子である。

事実は、末子の豊さん以外は、全員、横須賀でも呉でも、かつ夫人は自宅でお産婆さんに赤ちゃんを取り上げてもらったのだが。

「畯」と命名したのは、他の姉兄《きょうだい》たちのときと同じく、父方の祖父である漢学者の大田弥三郎氏である。

長男（英雄）と次男（浩）は軍人となって国のために奉公せよ、三男は「田の長《おさ》」（＝農夫）となって家を守れという意味合いだった。実際には、兄たちではなく、弟が国のために働くことになった。

昭和十五年（一九四〇年）一月、一家は広島県呉の川原石の家に引っ越した。

昭和十七年（一九四二年）八月、一家のほとんどが、長崎県佐世保市相浦《あいのうら》町の官舎に引っ越しをした。

昭和十七年十一月一日、大田大佐は少将に昇進し、戦況の厳しくなったソロモン諸島へ、家族を佐世保に残して出陣した。家長の大田は一年五ヵ月の間、家族と離ればなれになる。

佐世保市相浦町に引っ越した後のある日、畯が虫に刺されて痛いと騒いだ。世話係だったみどりさんは父親譲りの潔癖さで公私混同したくなかったが、畯があまりに痛がるので抱っこして海兵団を訪れた。

門のところで「誰だ！」と誰何《すいか》されたときに、みどりさんの腕の中から晙が元気な声で「ボク、団長の小僧です！」と衛兵に言ったら、衛兵たちもドッと笑って、結局、晙は海軍病院で診てもらった。

昭和十九年（一九四四年）四月頃、南の前線から戻って佐世保海兵団長となった大田少将は、束の間の内地勤務を家族と共に過ごそうと、佐世保市白南風《しらはえ》町の官舎に移る。

昭和二十年（一九四五年）一月、大田少将は沖縄へ赴任し、家族は呉へ戻ることとなる。帝国海軍の少将であった大田實は沖縄の海軍部隊の指揮官として二ヵ月あまり米軍と戦った後、昭和二十年六月にはピストル自決を遂げた。

その死の一週間前に、沖縄県民の将来に格別の高配を訴える「沖縄県民斯ク戦ヘリ……」なる電文を遺した。

これが今なお、地上戦により多大の犠牲を払った沖縄県民の想いにどう応えるべきかを考える際に必ず引き合いに出される。それゆえに、大田は死して六八年を経た今も、軍人嫌いの沖縄県民に広く知られ、慕われている。

大田の生い立ち

大田實は、短軀丸顔がトレードマークの温厚実直な人物だった。大田は、戦前でも珍しい一一人の子だくさんで、子どもたちに惜しみない愛情を注いだ。また、酒好きで賑やか好きという、人間臭く親しみやすい面があった。同時に、一歩外に出たら、自らに厳しいこと秋霜の如く、部下に優しいこと春風の如しという、任務に忠実な軍人であった。

大田は、明治二十四年（一八九一年）四月七日、当時の千葉県長生郡水上村（現・長生郡長柄町）に、漢学者で後に村長を務めた弥三郎と妻・乃ぶの間の次男として生まれ、男ばかり五人兄弟のなかで、ただ一人、職業軍人の道を選んだ。

本当は、第一志望は東京大学の前身である第一高等学校だったのだが不合格になった。浪人する経済的余裕もないので、旧制千葉中学校卒業後は国費の利点もあり、第二志望の海軍兵学校（海兵）に進んだ。海兵では、明治四三年（一九一〇年）に入学した四一期である。

少年・青年時代の大田は、体育に力を入れ、剣道――後に教士七段――、銃剣術、柔道、相撲、水泳ほか何でも得意なスポーツマンであった。

海軍兵学校を卒業して大正三年（一九一四年）に少尉に任官した。しかし、大正六年（一九一七年）、二六歳で中尉のときに結核を患い、三年間の病気休職を余儀なくされた。そのせいで、ハンモック・ナンバーと称する海軍での成績序列もビリになった。海軍士官としての専門畑が、自然に、花形とは言えない「陸戦」になり、その後は軍艦勤務はわずかで陸戦関係の経歴が多かった。

現在の海上自衛隊には陸戦部隊はないが、戦前の帝国海軍時代は陸戦隊と称して海軍所属ではあるが陸上での警備や戦闘を担当する部隊があったのだ。じつは、大田が陸戦畑を歩んだことが、後に「陸戦の神様」と呼ばれる将官として、玉砕必至の沖縄へ赴任させられることへとつながる。

海軍大尉の結婚

大田は、肺結核のため二六歳のときから三年間、海軍隠語で「引き入れ」または「お茶っぴき」という病気休職をしていたので、当時としては晩婚だった。関東大震災直後の大正十二年（一九二三年）十二月に三二歳で、県立千葉高等女学校を卒業した一九歳の落合かつと見合い結婚をした。

かつ夫人は後年、長男・英雄氏に、見合いの席の大田大尉の印象をこう述べている。

「お父様は、およそスマートとは言えない風貌で、背も一メートル六〇あるかなしかの小柄だったけど、実直そうで、話してみると、とぼけた顔でよく冗談を言う。そんな温かそうな人柄に引かれたのヨ」

大田實のことは知らないが落合畯なら会ったことがあるという人なら、それは子息について語っているのではないかと早合点するだろう。

結婚式は、当初は大正十二年九月に予定されていたが、九月一日に関東大震災が起こったため延期になり、十二月に帝国ホテルで式を挙げた。

帝国ホテルには實と畯の父子《おやこ》の縁がある。

畯の養父になった伯父・落合英二が、義弟・實が元気でいたら、多分同じ式場で畯の結婚式を挙げさせるのを楽しみにしただろうとの意を汲んで、畯の挙式を同じホテルで執り行なったのだ。

顔の話

写真に残る大田中将の容貌はいかにも親しみやすいまん丸顔だ。

昭和四十六年の東宝の戦争映画「沖縄決戦」（岡本喜八監督）のなかでは、大田の役を美男俳優の池部良が演じたが、本物の大田は全然そのような二枚目ではなく、えらが張っているので「じゃがいもで作ったホームベース」だと家族に呼ばれていた。

「ホームベース顔」のことだが、大田の顔は通称「便面《べんめん》」が正しい。まん丸くて人が一度見たら忘れられない便利な顔なので、俺は誰からもそう呼ばれていると大田は常々家族に言っていた。

一方、大田はかつ夫人のことを「馬が電信柱をくわえたような顔」と呼んでいた。ユーモリストの大田が、愛妻かつの瓜実顔をふざけて表現したのだ。

子どもの数で一番に

大田家には「子だくさん伝説」が伝わっている。

大田は、エリート・タイプには属しておらずハンモック・ナンバーと呼ばれる海軍兵学校の卒業成績序列はよくなかった。海兵卒業時に一一八名中六四番だったし、おまけに肺結核で三年間も休職したから出世の見込みもおぼつかない。

そこで大田は、結婚したとき、満一九歳の初々しい新妻に「せめて子どもの数でトップになろうね」と言った。良妻賢母型にしつけられて育った妻・かつは「ハイ」と素直に従ったという嘘のようだが本当の話である。かつ夫人も、この結婚したときの夫婦間の約束を子どもたちに言って聞かせていた。

海軍における出世より子どもの数で勝つと決めた大田は、その決意どおり、戦前でも珍しい四男七女、あわせて一一人の子福者《こふくしゃ》になった。

娘たちが大きくなると、大田は、長女、次女、三女をそれぞれ海軍士官に嫁がせた。「兵《へい》、機《き》、経《けい》」（海軍兵学校、海軍機関学校、海軍経理学校）に嫁にやるというのが大田の口癖で、事実、上から三人の娘はその通りに嫁いでいる。

長女・みどり　婿・中嶋忠博大尉（海機五〇期）海兵六九期相当

次女・すが子　村上光功《てるかつ》大尉（海兵六九期）

三女・愛子　板垣欽一郎大尉（海経三四期）海兵七三期相当

大田は帝国海軍軍人であるとの強い誇りから、一族を海軍で固めるのは当然の選択と考えていて、結果的に、姻戚も海軍万般の一族になった。

大田は相当の亭主関白タイプであり、たとえば、前夜の飲酒で朝起きが辛い夫のために、かつ夫人は毎朝夫の寝床に髭剃り道具一式を運び、蒲団に寝たままの夫の髭を当たっていた。

長女のみどりさんは、家庭の奥様は、皆、母親のようにするものだと信じたままお嫁に行った。新婚早々、夫・忠博さんの枕元に髭剃り道具を用意していたら、気配を感じて目を覚ました夫の中嶋氏が仰天して跳ね起き、殺すな、止めてくれと大騒ぎになった。

酒好き・客好き・賑やか好き

大田は、酒と宴席、歌などの賑やかなことが大好きだった。戦前の軍人といっても、人の子である。三六五日、二六時中、しゃちこばった生活をしていたのではない。

大田は大正十二年の結婚の翌年から昭和十五年に呉へ転居するまで、約一五年間、横須賀市、現在の京浜急行横須賀中央駅に近い山側の中里町に自宅を構え、仕事では海軍砲術学校で陸戦の研究と教育に携わった時期が長い。一番上のみどりさんから九番目の畯までがここで生まれた。

この横須賀の「中里のお家《うち》」へは道から一二段ほどの段を上がる。一階には、六畳、六畳、四・五畳、三畳の四間と縁側、台所、風呂場があり、二階は六畳一間だけだった。庭には大きな桜の木が一本、モチの木が二本あり、裏手には井戸もあった。

大田は、自宅にお客を呼んで賑やかに飲むのが好きで、本人は飲んだあげくに寝込んでしまうのが常だった。海軍御用達の横須賀の料亭「小松」でも大田は大酒を飲んでは寝てしまうことがあった。

上の子に自分の剣友などを呼びに行かせては、家でも飲めや歌えの愉しい宴会は頻繁だった。

大田家の団欒風景

幼かった落合が最も鮮烈に覚えている父・實は、冬はドテラ、夏は浴衣を着て、日本酒党の大酒飲みだったということ。

大田家では、きょうだいの上から五人、すなわち長女から五女までは「大きい人」と呼ばれ、大田は、ものすごく厳しく躾をしていたが、第六子の英雄以下、浩、八千代、畯、千冬の「小さい人」にはそうでもなかった。例えば、落合は、父親の膝の上にど～んと乗っかって、刺身のつまみ食いをさせてもらった、そのときは親父にだけ、一、二品おかずが余計に付いていて羨ましかったと記憶している。

大田實の酒好きは、子どもたちにもしっかり伝わっている。大田家では、家長の實が夕飯に晩酌を楽しむときに、子どもたちにも盃に一杯ずつのお酒を分け与えてアットホームな会話を愉しむ独特の団欒があった。

子どもたちは二歳頃から父の膝の上で飲んでいた。

ある冬の夕方のこと、大田は帰宅して風呂に入った後、あぐらの膝の上に畯を乗せ、「たんころさん、お酒を飲んでごらん。おやおや、いい飲みっぷりですねえ」と笑いかけていた。畯は幼心に上機嫌だ。

もちろん、盃に一杯をなめる程度で、子どもに日本酒の味がわかるわけはない。いつもは上の姉たちにガミガミ厳しいお父様が、お酒が入るとニコニコ笑顔で子どもたちに囲まれる。メーターが上がってくると、大田は「おおい、みんな自分のお盃を持って来なさい。お父様がお酒をついであげようね」となる。皆は待ってましたとばかりに盃を差し出した。優しいお父様に言葉をかけられながら、一緒に飲んでいる雰囲気に子どもたちは酔った。

こういうときにこそ、子どもたちは競って父親の冗談や軽口に大はしゃぎし、ちょっぴり甘えてみたりした。

そうでないときは、普段ビシビシと厳しい躾を受ける上の娘たちは、父が帰宅する足音が近づいてくるだけで、戦々恐々としていたのだ。

「健康第一」の子育て

大田家名物の毎朝の三点セットというのがある。大田は、自分が肺結核で苦労したので、子どもには健康第一という方針で厳しく臨んだ。朝六時半頃、朝食前に、主の實のかけ声で、一家全員が海軍体操と剣道、水泳の息継ぎの三つを練習する。

まず、現在のラジオ体操と似ている海軍体操で汗をかく。剣道は竹刀の素振りを、息継ぎの練習は水を張った洗面器を使って行った。

落合は幼かったので、覚えているのは剣道の稽古くらい、正月には竹刀の素振りを真面目にやり終えるまではお雑煮がお預けなので空腹で目が回ったと苦笑する。

横須賀時代には、子どもたちが少し大きくなると、日曜日に、かつ夫人が大きな子どもたちを引率して、体力作りのために、朝から海軍の特訓ばりの「保健行軍」が行なわれた。子どもの足にはきつい四～八キロのコースである。

上の娘たちは中里町の家から京浜急行で四駅目にある神奈川県立大津高等女学校に、歩いて通学するように命じられた。片道四キロの距離である。娘たちの身体が弱かったから鍛えるためであった。

夏は、これに水泳の特訓が加わった。まず、号令をかけて海軍体操、その後、長子のみどりさんから順に水泳の実地訓練をした。愉しい海水浴とはとても言えない、特訓であった。

子どもたちへの愛情ゆえにこんなに厳しく鍛えたにもかかわらず、当の子どもたちは身体があまり丈夫ではなかった。しかし、皆、長ずるに及んで健康体になり、長命である。一一人きょうだいのうち、鬼籍に入ったのは長男の英雄さん（平成一八年、享年七一歳）だけ、あとは皆さんお達者で、各分野で元気に活躍している。

大田實・かつ夫妻に始まる一家の水泳好きが、子どもたちの健康増進によい影響を与えたようだ。

大田家の教育精神は、とにかく健康第一、あとは海軍読本などを叩き込み、普通の勉強はどうでもいいと言っていた。ただ、大田は大局的にものを観る人で、敵のことも知らなきゃいけないから英語も勉強しろと「大きい人たち」に言っていた。

ナンセンスな衛生観念

さて、大病を経験した大田は、子どもたちの衛生にも神経質なほどの気遣いをし、並はずれて潔癖な指導をしていた。

みどりさんが赤ちゃんの頃、畳の上に敷く上敷の上で遊んだが、指が一本上敷から外に出ても、大田は「汚いっ」と文句を言うので、いちいちクレゾール液で消毒させられた。玄関どころか、各部屋にクレゾール液の容器がおいてあって、子どもたちは後々まで、外出から帰ったら、まず手を消毒し、うがいをすることになっていた。また、父子で電車に乗るとき、子がちょっと手摺りに触ると、また「汚いっ」と子を叱ったので、結局、子としては大田の軍服や袴につかまって乗る羽目になった。大田は、どこもかしこも雑菌の塊だと子どもたちにやかましく言い聞かせていた。

娘たちは、お刺身を食べるときにはお酢を付けて食べるように躾けられた。また、お金は人のバイ菌とか鼻クソとかが付いていてこれくらい汚いものはない、子どもが触るもんじゃないと指導され、子どもが小銭を持って買い食いをするなどは許されなかった。

みどりさんが隠れて読書を楽しんでいたら、たまたまそれを見かけた大田が、いけないものでも発見したかのように長女の手から本をひったくって、バイ菌が一杯ついているから汚いと日光消毒をした。くそ真面目に一頁一頁、日に当てたので、頁がそっくり返ってしまい、ピタッとくっつかない無惨な姿になってから、やっと本を返してもらった。

次女すが子さんは、トランプ遊びをしていたら、トランプのカードには鼻クソが付いていて汚いからしちゃあいかんと叱られた。しかし、すが子さんの言い分では、山本五十六元帥をはじめ海軍の方は、たいていブリッジなどをされたというのは子どもでも知っているのに、ナンセンスなお小言だと思い、その反動で大人になってからトランプ狂になった。

教育に時間を割く父

大田は、休職明けから長らく横須賀の砲術学校に勤務した。フネの勤務でないから、毎日自宅から通勤していた。夕方、わりと早い時刻に帰宅できるので、子どもたちには口やかましく教育・躾をした。だから余計に子どもたち、とくに「大きい人たち」には毎日うるさい父として映った。

海軍調のスパルタ家庭教育は、身体面だけではない。毎週日曜に、「大きい人たち」には恐怖の特訓が待っていた。

横須賀・中里町のある夏の午後である。蟬時雨が急に止んだと思うと、父親の大田がガラッと玄関を開けて帰ってきた。日曜日は朝から海軍集会所へ剣道の指南に行っているのだ。大田は先ずひと風呂浴びて汗を流し、浴衣に着替えた。休みもせず、どっこらしょと座るや否や、「お～い、みどりから順番に来なさい」と呼ぶ。

大田は、海軍読本の朗読、鶴亀算（二元方程式）、漢詩の暗唱を次々と特訓した。

「コラッ、本を目に近づけ過ぎちゃいかん。それに、本を読むときは背筋をピシッと姿勢をよくして、大きな声で朗々と読むものだ」

「お父様は、唐代の詩人や乃木大将、軍神・広瀬中佐の漢詩をたくさん暗唱できるんだよ。お前たちも、記憶力のよい今ぐらいの歳で憶えておけば、きっと役に立つ。今日は半分暗唱できるようになるまで、何回でもやり直しだぞ」

みどりさんは、日曜日になると、「また魔の特訓の時間が来る」と溜息をついていた。すが子さんは当時いやいや憶えさせられた乃木希典陸軍大将の漢詩「凱旋《がいせん》」を、今でも印象深く暗記している。

(注)乃木希典…日露戦争の遼東半島・旅順要塞攻略戦において第三軍司令官を拝命し、苦戦した。

(注)軍神・広瀬中佐…日露戦争の初頭、旅順港のロシア太平洋艦隊を封じ込めるための閉塞作戦に二度参加し、二度目で戦死。死後、中佐に昇進し、その遺徳を讃えて軍神と呼ばれた。

昭和十五年(一九四〇年)一月、呉海兵団副長の職にあった大田は、横須賀の家族を広島県呉市に呼び寄せ、赤いレンガ造りの煙突のある大きな家を借りて住むこととした。呉に転居のとき、上の二人の娘は女学校、その下の三人の娘が小学校に通っていた。この子煩悩な父親は、小学生の子どもたちの転校先にも気を配った。転居先の近くに三校も小学校があったのに、それらを飛び越して、二キロ以上も先にあり、子どもの足では三〇分もかかる五番町小学校を選んだのだ。歴史が古く、教育熱心な進学校であることを、事前に調べ上げての選択だった。

一年生のときからここに通っていた五女の勝子さんは、昭和十九年(一九四四年)の二学期から、父母や弟妹のいる佐世保の市立白南風国民学校六年に編入転校した。級友たちはよ

大田少将一家（昭和19年４月）。前列左から長男・英雄、かつ夫人、次男・浩、大田少将、三男・畯、七女・千冬（前）、六女・八千代（後ろ）、長女・みどり、五女・勝子。後列左から次女・すが子、三女・愛子、四女・昭子

く聞き取れない佐世保弁で話しかけてくれたが、勝子さんが何よりも途方に暮れたのは、呉ではやったこともない海軍の手旗信号が女子でも必須科目にあったことだ。級友たちは、先生の号令に合わせて長文の信号でも見事な旗振りを披露している。勝子さんは読み取ることすらできないのに。

手旗がまったくできない勝子さんは授業についていけなくて泣きべそをかき、とうとうある日母に訴えた。それをふと漏れ聞いた大田少将は、「勝子、お父様が今日から手旗信号を教えてあげるからね」と励ました。

大田は日本の敗戦の可能性を考えて、限りある時間のなかで子どもには何でもしてやりたかった。佐世保海兵団長の職務にありながらも忙しい時間をやり繰りして、勝子さんに教えた。

「いいかい、勝子。まず、いろはにほへと……を完璧に憶えて、最初はゆっくりでもいいから振ってごらん。腕を正しい位置に固定できるようになれば自信がつくからね」

大田は勝子さんの腕の位置を直したり、ときには自ら信号の振り方のお手本を示した。父子の練習は日暮れて旗が見えなくなるまで続いた。

海軍少将自らが手取り足取り教えてくれたので、勝子さんの手旗はみるみる上達した。級友たちが勝子さんに急速な上達ぶりの謎を訊ねたら、「うちのお父様がとっても優しいから、私も頑張れたのよ」との答えが返ってきた。八〇歳を過ぎた平成二十五年（二〇一三年）の現在でも、勝子さんは父との絆を深めた手旗信号を全部記憶していると誇らしげだ。

優しくなった「お父様」

ところが、躾や教育にこれだけ厳しい「お父様」の子どもたちに対する態度が、時代とともに変わっていった。ターニング・ポイントは大田少将が佐世保勤務を命ぜられ、佐世保市白南風町の官舎に引っ越した頃である。

大田は、自分が歳をとってきたうえ、戦争も始まってしまい、職業軍人としていずれは戦死も覚悟していた。戦況がますます厳しくなり、愛しい子どもたちと過ごす時間が限られているから、歳をとるとともに優しくなっていったのだ。

年嵩《としかさ》の者たちはスパルタ式で育てられたので、「小さい人はいいわねえ」と羨んでいた。大田は小さい人の中でも、とくに千冬さんや晙にはメロメロであった。大田は晙のことを

「たんころさん」、千冬さんのことは「ちいぺいた」とユニークな愛称で呼んで、相当に猫可愛がりしていた。

沖縄へ死出の出征

大田は、昭和二十年（一九四五年）一月二十日付で沖縄方面根拠地隊（沖根）司令官に発令された。このとき、かつ夫人のお腹《なか》には一一番目の子が宿っていた。その子が昭和二十年四月に生まれた末子の豊さんである。

かつ夫人は、子の数が増えていくにつれ、心臓が弱っていった。昭和十六年に第一〇子の七女・千冬さんを産んだとき、みどりさんは医師から、貴女は一番上だから言っておくが、この次に赤ちゃんを産んだら、お母さんの命の保証はないと言われた。千冬さんの出産のときは、かつ夫人の状態は悪く、三日間というもの、家族の誰も母に会わせてもらえなかった。

母かつは、豊さんがお腹にいるとき、みどりさんにだけは「お母様にもしものことがあったら、みどりちゃん、貴女は弟妹を一緒に連れて一〇人で中嶋さんのところにお嫁に行ってくれない？」と頼んでいた。次女すが子さんだけはすでに昭和十九年十一月に村上大尉と結婚していた。一方で「お父様のためにも、命を賭けて産みます」と気丈な覚悟だった。

落合は、父の前任者である沖根司令官の新葉亭造《にっぱていぞう》少将（海兵三九期）が陸戦経験のない人だったので、米軍の沖縄への侵攻必至という情勢のなか、佐世保鎮守府司令長官のたっての要望で陸戦の経験豊富な大田少将に命が下ったと聞いている。確かに大田がソロモン諸島から撤収して後の海軍では、陸戦の指揮官は、玉砕するか、前線に孤立して戦っており、実戦を知っている陸戦の将官としては、大田が、内地にいて即戦力として使える随一の者であった。

陸軍と海軍が沖縄の防備に乗り出したのは、その一〇ヵ月ほど前だったが、海軍の重点は海上輸送路の保護に向いていた。そのために、沖根司令官は第四海上護衛隊司令官が兼務、司令部も当初は奄美大島に置かれ、海軍として沖縄本島の守りは遅々として進まなかったのである。

沖縄出征前夜、すなわち昭和二十年一月十八日の夜、佐世保の大田家では、家族水入らずの別れの宴が開かれた。

この時点で、みどりさんと愛子さんは他の家族と別れて呉の家に住んでいた。愛子さんが広島県立呉第一高等女学校に通っていたので呉に残り、花嫁修行中のみどりさんが呉と佐世保を往復しておさんどんをしていた。呉組の二人はお父様との今生の別れになるかもしれないと思い、懸命に列車を乗り継ぎ、佐世保に駆けつけた。

すが子さんは前年に千葉・館山の砲術学校に勤務していた村上中尉のもとへ嫁いでいた。遠距離のうえ、交通事情も悪く、空襲も怖かったので、佐世保行きは断念せざるを得なかった。

別れの宴の夕食には、食糧事情逼迫のなか、かつ夫人が走り回って入手した食材で、いつもより格段に豪勢なご馳走が食卓を賑わせた。大田はニコニコ顔で盃を干しながら、「お父

大田實主要経歴

明治24年(1891年)	4月7日	0歳	千葉県長生郡水上村(現・長柄町)にて出生 父・弥三郎、母・乃ぶ
明治43年(1910年)	3月31日	18歳	千葉県立千葉中学校卒業
同	9月12日	19歳	海軍兵学校入学(41期)
大正2年(1913年)	12月19日	22歳	海軍兵学校卒業、少尉候補生
大正3年(1914年)	12月1日	23歳	海軍少尉
大正5年(1916年)	12月1日	25歳	海軍中尉
大正6年(1917年)	11月14日	26歳	肺結核療養のため待命
大正9年(1920年)	12月1日	29歳	海軍大尉
大正12年(1923年)	11月	32歳	落合かつ(19歳)と結婚
大正15年(1926年)	12月1日	35歳	海軍少佐
昭和3年(1928年)	12月10日	37歳	中国山東省に居留民保護のため出動
昭和7年(1932年)	1月29日 ～4月20日	40歳	上海陸戦隊第5大隊長(第1次上海事変)
同	12月1日	41歳	海軍中佐
昭和11年(1936年)	2月26日	44歳	陸戦隊大隊長として東京に出動(2·26事件)
同	10月16日	45歳	特務艦「鶴見」艦長
同	12月1日		海軍大佐
昭和13年(1938年)	8月10日	47歳	軍令部出仕(海南島作戦研究に従事)
昭和14年(1939年)	1月20日		呉第6特別陸戦隊司令(海南島作戦)
同	4月15日	48歳	呉海兵団副長
昭和16年(1941年)	11月1日	50歳	漢口海軍特務部長
昭和17年(1942年)	1月16日		三重海軍航空隊設立準備委員長
同	5月1日	51歳	第2連合特別陸戦隊司令官 (ミッドウェー作戦)
同	8月10日		佐世保第2海兵団長
同	11月1日		海軍少将
同	11月20日		第8連合特別陸戦隊司令官(ソロモン作戦)
昭和18年(1943年)	12月1日	52歳	第14根拠地隊司令官
昭和19年(1944年)	3月20日		佐世保警備隊司令官兼佐世保海兵団長
昭和20年(1945年)	1月20日	53歳	第4海上護衛隊司令官 兼沖縄方面根拠地隊司令官
同	2月25日		沖縄方面根拠地隊司令官に専任となる
同	6月13日		戦死(享年54)、海軍中将に特進

様の分もお前たちで分けて食べなさい」と言い、目を輝かせておかずを頰張る子どもたちの表情を脳裏に焼き付けようと念じた。

食後、大田の提案で、「小さい人たち」が順に小学校唱歌を歌うことになった。畯の番が来た。大田は「たんころさん、得意の『靖国神社のお父様』が聞きたいなぁ」とリクエスト。畯は張り切って愛らしいボーイ・ソプラノで元気に歌った。大田は拍手してやり、「上手いなぁ。もしも、お父様が帰ってこなくても、いつも元気でいるんだぞ」と本音を込めて言った。

「大きい人たち」はもう大人の世界がわかるので、父と過ごす最後の団欒なのだと胸が切なくなった。「小さい人たち」も、子ども心に普段の出征とは違う雰囲気を感じ取った。

翌一月十九日の早朝、家を出立する大田少将の鞄には、日頃愛読し心の支えとしてきた「日蓮遺文集」と宮本武蔵の「五輪書《ごりんのしょ》」が入っていた。もはや二度と生きて家族と会えないであろう最前線に向かうのだ。たくさんの子どもたちを残していくことは残念だが、「巌《いわお》の身」の極意で、戦死を恐れる気持ちは微塵もない。大田は整列して見送る家族に挙手の敬礼をしたまま、眼差しに万感の思いを込めて最後の挨拶をした。海兵団の迎えの車に乗り込んでからは、家族のほうを振り向くことはなかった。

第四章　沖縄の絆・大田中将から晙へのバトン

實の心の師——日蓮と武蔵

大正六年（一九一七年）十一月、二六歳の大田實《みのる》中尉は肺結核を患い、病気休職に入った。大田は千葉県出身ということもあり、千葉県浦安で闘病中に同じ房総の人である日蓮を心の支えとし、真剣に学んだ。大田家の宗旨がもともと日蓮宗だったことも関係があろう。大田の精神のもう一方のバックボーンとして、剣道にいそしんだ武人らしく宮本武蔵の存在が大きい。

大田は引き入れ（病気療養）中に武蔵の「五輪書《ごりんのしょ》」も熱心に勉強しており、勢い余って娘にも読めと勧めた。大田の愛用の徳利の一つが有田焼（深川製磁）の白磁で、白地に藍色で「岩尾身《いわおのみ》」と染め付けたものだった。大田がわざわざ佐賀県有田に行って書き付けたものだ。

岩尾身とは、宮本武蔵の「五輪書」に出てくる言葉で、「兵法の道を極めることにより、たちまちにして巌《いわお》のように堅固となり、どんなことがあっても斬られることなく、動かされぬようになること」である。

部下思いの親子

軍人としての大田は、「先ず部下を思え」を信条としていた。

昭和三年（一九二八年）、少佐だった大田は中国国内の内戦で混乱する山東省の居留民保護のため、陸戦隊の一員として派遣される。さらに昭和七年（一九三二年）の第一次上海事変あたりから、あたかも日本の戦線拡大と歩みをともにするごとく大田は外地に行くことが多かった。その間の内地勤務では、佐世保や呉の海兵団——兵の教育を担当する部隊——にいることが多かった（七五頁、大田實主要経歴参照）。

大田實が初めて部下を喪う経験をしたのは、昭和七年、第一次上海事変に当たり上海陸戦隊第五大隊長として戦地に渡ったときである。その退任時の訓示（四月二一日）に注目した田村洋三氏は、大田少佐（当時）と落合一佐（平成三年当時）は隊員に感謝する気持ち、心配りをする気持ちがピッタリ符合しているとよく落合に語った。

大田少佐の上記昭和七年四月の訓示から一部引用。

「二月三日の総攻撃より……この間、諸士の尽忠報国の赤誠と絶大なる努力に対し深き深き感謝を呈する次第なり。而して敵国土に殉ぜし一九名の英霊と残留の諸氏と離れて、今や思い出多き第五大隊を去る場面に遭遇せり。感慨真《まこと》に無量なるを覚ゆ。……大田は預かり居たる諸子の生命を各員に返す。停戦会議の状況楽観を許さず。又暑気は益々加はらんとす。残

留諸士の辛労の大なるを思い、切に自重自愛あらんことを祈る」（原文は漢字カタカナ文）

なお、日中間の停戦協定成立は同年五月五日である。

落合は、実父が第一次上海事変の戦いのなかで部下一九名を失った際の痛みが自分のことのようによくわかる。

大田實は部下の死を悼んだことでは屈指の将官であった。落合も、部下を我が子のように愛し、危険作業などで決してけがをさせたり命を落とさせたくないとの強い一念が、実父に非常によく似ている。それが如実に表われたのが、前章で触れた「笠利湾の誓い」である。落合は、安全最優先、「迷ったら、安全に転べ！」を部下に徹底していた。

さて、昭和十二年（一九三七年）に大佐に昇進した大田は、昭和十四年（一九三九年）二月から中国南部でベトナムにも近い海南島に出陣。ここで晙《たおさ》出生の報せに接した。

その後、呉海兵団副長を拝命したため、家族を横須賀の家において呉に単身赴任していた。しかし、子どもたちが父を恋い慕う気持ちを慮《おもんぱか》って、内地勤務のときくらいは家族と暮らそうと決めた。昭和十五年（一九四〇年）一月十五日に、一家は横須賀から広島県呉市川原石の家に引っ越す。

昭和十六年（一九四一年）に対米英戦争が始まると、翌十七年（一九四二年）五月には第二連合特別陸戦隊司令官を命じられ、陸軍部隊とともにミッドウェー島上陸作戦に投入されることとなる。しかしミッドウェー海戦で日本海軍は主力空母四隻を一挙に失う惨敗を喫した。大田司令官の乗る輸送船団も米軍機の攻撃を受けながらグアム島へ撤収した。

呉に戻った大田大佐（当時）は、昭和十七年八月、徴兵で集められた兵隊を教育する佐世保第二海兵団長を命じられた。だがわずか三ヵ月後、十一月一日に少将に昇任すると、米軍との最前線ソロモン諸島へ出陣した。

昭和十九年（一九四四年）一月、ソロモン諸島での苦戦の末、内地へ異動することとなった大田少将は、途中、トラック島で米空母機動部隊の激しい空襲に遭遇し、爆弾が近くに落ちた際の爆風で耳を痛めてしまう。

ようやく内地に戻った大田少将は、佐世保海兵団長として、つかの間の家族との団欒の日日を楽しむことになる。

生還兵が知る大田實

ソロモン諸島の戦いを経験しながらも生還し、命ある限り頻繁に現地に出掛けていた人がいた。

全国ソロモン会事務局長として遺骨収集・英霊顕彰のため、二〇年余も毎年ソロモン諸島に赴いていた菊本享《すすむ》氏（平成二十一年十二月没。享年八四）。

菊本氏は昭和十七年五月に一七歳で志願して広島県にあった海軍の大竹海兵団に入団。終戦をソロモン諸島ブーゲンビル島で迎える。このとき二〇歳だった。「私たちが、大田實少将の戦跡地の、遺骨収集と慰霊の後始末を営々としたのです」とキッパリ言い切る菊本氏。

菊本氏の知る大田實像。

「大田少将は、ブーゲンビル島で陸戦隊の司令をしていた武田勇少将（海兵四三期）と並び称される『陸戦の神様』でした。この二人が陸軍の歩兵操典に匹敵する海軍の教科書を編纂したのです。ソロモンが負け戦だったから、内地に戻ってきても船に乗せるわけにいかず、沖縄にやられたという面もあるでしょう。大田司令官は、ニュージョージア島のムンダでも珊瑚礁に堅固な壕を作って戦った。その経験から、沖縄にも周到に壕を掘ってあれだけの戦をしたのだと思います」

菊本氏は、『八連特戦記』（昭和五十八年発行、非売本）と、戦後、大田かつ夫人にも協力してもらって作成したという一点しかない門外不出のソロモン諸島地図を貸してくださった。

八連特戦記

今日では極めて入手が難しい『八連特戦記』には、南の最前線、普通に暮らすのも大変な熱帯の島々での将兵の苦闘がびっしり綴られている。書き残さずにはいられないという生還した元軍人の思いと編集者の情熱が充溢する本だ。

八連特司令部で副官として大田の身辺にいた岡野勇三氏の回想。

「体の小柄な、大変穏和な方で、いつも笑顔を絶やされなかったように思い出される。剣道は確か七段教士の腕前で、ご愛用の軍刀も、体に不釣り合いに大振りのものであった。少しもギスギスしたところが無く、その後ムンダでお目にかかった陸軍南東支隊長佐々木少将とは、温厳の好対照であったように思う。（中略）失敗の思いでは数々あるのに、おしかりを受けた記憶は一つもない。（中略）時として、南西《ママ》方面艦隊から、当時としては珍しいチョコレートが、接待用として配布されたが、そんな時司令官は、司令官分を、いつも甘党の私に回して下さった」（ラバウルで前進準備中）

八連特司令部の通信隊にいた渡瀬修吉氏は最前線ニュージョージア島での大田の様子を語る。

「八連特司令部は、海岸から歩いて三、四十分の、ジャングルの奥まった、山の中腹にあった。この山を、皆は金剛山と呼んでいた。多分、楠木正成の故事にちなんだのであろう。私は、司令部の防空壕の前で、通信長である岡野副官に着任報告を行なった。壕内をのぞくと、中に、丸顔のちんちくりんの大田少将が、軍刀を片手に机に向かっていた。あっこの方が、有名な陸戦の神様かと思うと、急に親しみがわいてきた」

米軍の侵攻間近の沖縄でも、大田の姿勢に変わることはなかった。

沖縄県民斯ク戦ヘリ

大田少将が沖縄に赴任してわずか二ヵ月余りの四月一日、米軍は沖縄本島に上陸した。六月二十三日に日本軍の組織的抵抗が終わるのだが、大田の件《くだん》の電文から、激戦の様相を偲んでみる。

電文は、数々の書物・雑誌に引用されているが、解読不能な部分があることもあり、細部では必ずしも一致していない。ここでは、田村洋三氏の著書『沖縄県民斯ク戦ヘリ』のものを掲げる。

昭和二十年（一九四五年）六月六日、二十時十六分の発信とされる。

発　沖縄根拠地隊司令官

宛　海軍次官

左の電□□次官に御通報方取計《とりはからい》を得度《えたし》

沖縄県民の実情に関しては県知事より報告せらるべきも　県には既に通信力なく　三二軍司令部又通信の余力なしと認めらるるに付　本職　県知事の依頼を受けたるに非ざれども現状を看過するに忍びず　之に代つて緊急御通知申上ぐ

沖縄島に敵攻略を開始以来　陸海軍方面　防御戦闘に専念し　県民に関しては殆ど顧みるに暇《いとま》なかりき

然れども本職の知れる範囲に於ては　県民は青壮年の全部を防衛召集に捧げ　残る老幼婦女子のみが相次ぐ砲爆撃に家屋と財産の全部を焼却せられ　僅に身を以て軍の作戦に差支《さしつかえ》なき場所の小防空壕に避難　尚　砲爆撃下□□□風雨に曝されつつ　乏しき生活に甘んじありたり

而も若き婦人は率先軍に身を捧げ看護婦烹炊婦《ほうすいふ》はもとより砲弾運び挺身斬込隊《ていしんきりこみたい》すら申出るものあり　所詮敵来りなば老人子供は殺されるべく　婦女子は後方に運び去られて毒牙に供せられるべしとて　親子生別れ娘を軍衛門に捨つる親あり　看護婦に至りては軍移動に際し

衛生兵既に出発し身寄り無き重傷者を助けて□□真面目にして一時の感情に駆られたるものとは思われず　更に軍に於て作戦の大転換あるや自給自足夜の中に遙かに遠隔地方の住民地区を指定せられ輸送力皆無の者黙々として雨中を移動するあり

之を要するに陸海軍沖縄に進駐以来　終始一貫　勤労奉仕　物資節約を強要せられつつ（一部は兎角《とかく》の悪評なきにしもあらざるも）只管《ひたすら》日本人としての御奉公の誇を胸に抱きつつ遂に□□□□与へ□ことなくして　本戦闘の末期と沖縄島は実情形□□□□□一木一草《いちぼくいっそう》焦土と化せん　糧食六月一杯を支ふるのみなりと謂ふ　沖縄県民斯《か》く戦へり　県民に対し後世特別の御高配を賜らんことを」

（原文は漢字カタカナ文。適宜改行した）

己の魂にある沖縄県民への真心と情を、電文に託している。

序章ですでに紹介した末尾の「国家に対するお願い」の部分をいま一度考えてみる。

「（食料も医薬品も何もかも尽き果て、あらゆる困難を一身に受けほぼ死を待つ沖縄県民たちは、本土防衛のために防波堤として）このように立派に戦い抜いてきたのです。（これら祖国の礎となった）県民に対しては、戦争後、特別に考慮して待遇すべきであると考えますので、国家に対し小官よりお願い申し上げます」

大田は、東京宛にこの電報を発した一週間後に自決。

自分と司令部幹部の自決がもはや時間の問題と見えていたとしても、このように一介の少将が、「国家」――この時代では、天皇陛下を意味する――に対して、やむにやまれぬ直訴をするということは、大変な胆力と情を要する。

戦争末期の昭和二十年、庶民はその日その日を生きるのに精一杯。指導者層も敗戦は不可避と感じながら、確たる将来の展望を持った者は極めて稀であった。その時代にあって、敗戦の先を見越して、最も弱い立場の民のために、大田は大きな「贈り物」を遺した。

その「贈り物」がまことに効力を発揮したことは、大田の三男・落合晙《たおさ》が昭和四十八年（一九七三年）に当時の沖縄県知事・屋良朝苗《やらちょうびょう》氏から招待されて直接聞いて感動することになる。大田がこの電文を書いてから、はや六十八星霜が経ったが、今日でも沖縄県民はこの電文のありがたさや重みを忘れてはいない。

極論すれば、この電文を遺さなければ、「大田實」という人は、海兵第四一期卒の一軍人として、幾十万の戦死者の一人として埋もれ、後生いつまでも慕われる存在とはなっていないはずだ。

大田實の生まれ育った千葉の実家には、昭和四十八年に長柄町が建てた海軍中将大田實顕彰碑がある。背後にある黒御影石の碑録には、大田と海兵同期の保科善四郎元衆院議員が、こう綴っている。

「……『沖縄県民斯ク戦ヘリ　県民ニ対シ後世格別ノゴ高配ヲ賜ランコトヲ』と訴えた切々の悲願は　世界戦史上不朽の電文であり　終戦後二十七年　沖縄の祖国復帰に伴い　本土の人々の心を南方同胞に向かわせる指標となっている（後略）」

米軍の沖縄侵攻

昭和二十年四月一日、米軍は激烈な空爆と砲撃を伴って、沖縄本島中部の嘉手納海岸に上陸した。水際での迎撃を控え、陣地を構えて出血強要を図る日本軍と寸土を争う激闘を繰り広げながら、次第に南へと押し込み、ついに五月末、沖縄守備部隊の最高指揮官である第三二軍司令官牛島満陸軍中将は、首里城地下の司令部壕を放棄、全軍が撤退して沖縄本島南部の島尻地区に最後の抵抗線を敷くことを決断した。

例の電文にある「更に軍に於いて作戦の大転換あるや」とは、この撤退を指す。

しかし、この結果、「青壮年の全部を防衛召集に捧げ残る老幼婦女子」で戦火を逃れて南部地区へ避難していた多数の非戦闘員を戦闘に巻き込み、県民の三分の一が犠牲者となる悲劇を招くこととなる。

この間、沖縄の海軍部隊は、緒戦でモーターボートに爆薬を搭載した「震洋《しんよう》」や特殊潜航艇（豆潜水艦）「蛟龍《こうりゅう》」による艦船攻撃を行なっている。中部海岸に上陸した米軍には海軍の砲台が果敢に砲撃し、そして全滅した。

また、正規の戦闘訓練を積んだ陸戦隊は首里に迫る米軍を食い止めるため陸軍第三二軍の要請により、次々に前線に派遣され、壊滅的打撃を被る。かくて、第三二軍司令部が全軍の南への退却を命じたとき、小禄《おろく》（現在の那覇空港付近）に司令部を置く大田少将の下には、航空機整備や施設の建設が本業だった、にわか仕立ての、武器にも事欠く陸戦隊しか残っていない。

陸軍と海軍の軋轢

第三二軍司令部は、陸軍部隊が南へ下がって防衛線を築くまで、首里の西南方に布陣する海軍部隊がその位置で掩護《えんご》することを求めていた。しかし米軍の激しい攻撃のなかを慌ただしく移動した過程で、この命令が適切に伝わらず、海軍部隊は陸軍に先んじて島尻に移動したものの、過早《かそう》撤退であると責められ、再び小禄地区へ戻されることとなってしまう。移動に当たり、持って行けない砲や施設を小禄で破壊していったのは、大変な痛手だった。

陸軍が撤退を完了した後、第三二軍司令部はようやく海軍部隊に南下して合流するよう伝えるが、大田少将はこれを受け入れず、小禄地区に来襲した米軍をここで迎え撃つことを決断した。

電文に対する晙の想い

実父と同じ職業に就いた落合は、もし自分自身が大田少将の立場だったら玉砕目前にどのような電文を書いたのだろうか。

「私も、親父とまったく同感で、同じような内容を書いてあげたと思います。ただ、『沖縄県民斯ク戦ヘリ』……私には逆立ちしても、こんな名文は書けませんけど。まるで、旧制高校の漢文教育ですね。私だったら、こんなに協力して戦ってくれたんだからってダイレクトに書いちゃいます。本当に沖縄の人たちは軍に対して嫌々ながらではなく、積極的に協力したんだと思います。今、軍の命令による自決の強制という議論があるけれど、親父は、県民が身の危険を顧みず軍に協力してくれる姿を繰り返し見ていたから、あの電文になったと思いますね」

大黒柱の死

昭和二十年六月十二日午後、司令部壕のあった七四高地の頂上が米軍に占領され、司令部壕の最期の時は迫った。大田司令官以下六人の幕僚たちは、従容として司令官室に入っていった。ピストル自決である。公刊戦史によれば、大田の自決は十三日午前一時となっている。大田實、享年五四。

満五歳だった落合は、父の戦死公報が自宅に着いた日、自分と妹は玄関に海軍の偉い人が来たと気づいたことと、母が畏《かしこ》まって何かを伺っている様子のみを覚えている。大田は戦死の六月十三日付で、海軍中将に任ぜられ、従四位、功一級金鵄勲章、勲二等旭日重光章を授与された。

米軍の包囲下で自決した大田に遺書はない。あえて言えば、くだんの「沖縄県民斯ク戦ヘリ」の電報が、大田の手になる国と国民宛に残した遺書と言えよう。

自らに厳しい生き方を貫いた日蓮や武蔵の如く、小我を捨てて大我に命を捧げようとする者として、大田は、妻子宛の私的な遺書を書かずとも、右の電文が戦後は妻子の心の支えにもなると信じていたであろう。
大田は、武人《もののふ》らしく、また、普段から和歌をよく詠んだ漢《おとこ》として、辞世の句を二首残した。昭和二十年六月六日付の上級司令部宛訣別電報の中に読んだもの。

身はたとへ　沖縄の辺《へ》に　朽つるとも
守り遂ぐべし　大和島根は

そして、海軍司令部壕内司令官室の壁に書き記したもの。

大君《おおきみ》の　御はたのもとに　ししてこそ
人と生まれし　甲斐ぞありけり

大田の三男・落合畯が指揮をとったペルシャ湾での対機雷戦が終了したとき、落合は五・七・五の歌を数首詠んだ。じつは、落合には父の大田中将のように普段から和歌を嗜《たしな》むような習慣はなかった。しかし、父の戦いぶりを常に脳裏に描きながら戦った指揮官として、何か部下の記念にもなるような和歌を残したかったのである。
落合は、いやぁ、捻り鉢巻きもので鉛筆を舐めながら何とかひねりだしましたが、とても文才のあった親父には敵いませんでしたがね、と恥ずかしそうだ。

ところで、大田少将は、沖縄での死闘の真っ最中、昭和二十年四月の留守宅での男子出生を知っていたのだろうか。

大田は沖縄に出征前に、妻のおなかの中の子にあらかじめ名前を付けて行った。かつ夫人の長兄・落合精一の妻の登代子の人柄に感じ入っていたので、男子なら豊、女子なら豊子と名付けるようにと言い残した。一一人もいる我が子のなかで、大田が唯一自分で付けた名前である。

戦後、大田の従卒だった人がかつ夫人に葉書をくれた。それには、みどりさんが男子の無事出生を知らせるために父宛に出した手紙――付箋が付いて呉の自宅へ返ってきた――を大田司令官は見ることなく自決したと書いてあった。一方、大田の自決直前までその近辺にいた佐藤富生氏（当時、上等水兵）は、米軍の包囲網を生き抜き、八七歳の現在も舞鶴で健在であるが、壕内の兵隊は皆、豊さんの出生を知っていたと証言している。

遺児たちは、父・大田實は死地を得たと信じている。

みどりさんは、父が戦後も生きていたら戦犯で引っ張られ、そうでなくとも経済苦でたくさんの子を育てられなかっただろうと冷静に分析する。続けて、むしろ父が沖縄の人に受け入れていただけた名文を残して亡くなってくれたことが、子としてはありがたいですと言い切る。

徹底した人命尊重主義

落合は、実父・大田實の最も有名な電文（前出）以外に、息子として、またネイビーという同じ職業を選んだ者として、大田の手になる別の電文にも非常に感銘を受け着目している。

昭和二十年六月十一日、沖縄方面根拠地隊の最後の日になるかも知れないと考えた大田司令官は、陸軍側の第三二軍参謀長・長勇《ちょういさむ》中将宛に次の作戦特別緊急電報を発した。

「敵後方を攪乱又は遊撃戦を遂行する為、相当数の将兵を残置す。右将来の為一言申し残す次第なり」（原文は漢字カタカナ文）

大田はなるべく多くの部下を生きて逃がすために、多くの将兵を脱出させたが、これらは戦線離脱や脱走ではなく、敵を攪乱したり遊撃戦のための司令官命令なのだから、処罰の対象ではないとあらかじめ部下をかばったのだ。落合は実父のこの電報をも気に入って、愛唱している。

沖縄海軍司令部壕の壕外にある資料館に展示されている大田の遺品のメモの中には、こんな書き付けが見られる。

「孔子曰く、立国上、理想主義。礼節、衣食、兵備の内、第一に捨つべくは兵備、第二は衣食、礼節は死しても捨つべからず」

大田は軍人である前に、一人の人間として、軍備よりも人間の尊厳というものに高い価値を見出していた。

大田實の徹底した人命尊重主義の由来は、田村氏も『沖縄県民斯ク戦ヘリ』のなかで明確には書き込んでいない。率直なところ、はっきりとはわからなかったのだろう。

淵源は、大田が私淑した二人の師である日蓮の「遺文集」や宮本武蔵の「五輪書」から影響を受けたのではないだろうか。大田は軍歴のなかでも陸戦が多かった。陸軍と海軍の戦いの大きな違いは、海軍の主な戦いは、フネ対フネのもの。ゆえに、味方の損耗も将兵が何人死傷という感覚ではあまり捉えない。陸戦が多かった大田は、上海事変などで、人の生死《いきしに》をよく目にしたから、人一倍、人命の大切さを感じたのであろう。

上海事変から帰ってきたとき、周りは提灯行列などで祝っていたけれど、大田自身は何とは言わずに、しょげていた。「大きい人」たちは父から、浮かれてはいけないと言われた。多くの部下を死なせてしまった悔いと悲しみからか。大田はとにかく部下の兵隊を愛して大事にしていた。真夏に大田家に使いに来た従兵に、かつ夫人が冷たい氷入りのお素麺を出したところ、大田が「天皇陛下の兵隊に冷たいものなど食べさせて、腹でもこわしたらどうするのだ！」と妻をけっ飛ばしそうな勢いで怒ったことがある。

大田實は、多くの部下を死なせてしまったという辛い体験をした。加えて、日蓮の仏教哲学を、生命こそ宝であるという慈悲に溢れる生き方のお手本として「日蓮遺文集」に親しんだ。また、剣道の達人としては宮本武蔵を師とし「五輪書」を愛読していた。大田はそれらのすべてを自分の内面に取り込んで、なんら矛盾することなく人命尊重主義の軍人に成長していった。

島田叡沖縄県知事との友誼

大田司令官は沖縄県民の置かれた立場を早くから憂慮していた。同時期に沖縄に赴任した島田叡《あきら》県知事の依頼を受けて、県知事の名義で左記の電文を発信している。

「昭和二十年四月十五日付け　県知事より内務大臣へ

四月十三日までの被害調査で各部落の家屋破壊件数は一二、三〇七軒で、首里市、及び沿岸部落の建物はほとんど壊滅した。ただし、中頭《なかがみ》以北については四月一日以降連絡不能のため、被害その他の状況は不明である。県庁員は知事以下皆士気軒昂である。沖縄県民の戦意は旺盛なので、治安上の懸念はないが、ただ、食糧は逐次逼迫しており、六月上旬以降は窮乏のため一部の飢餓が憂慮される」（原文は漢字カタカナ文）

大田司令官と島田知事は、ともに昭和二十年一月、米軍の来攻の間際に死を覚悟して沖縄に赴任してきた（大田は二十日、島田は三十一日）。

後述するように、両者には、奇偶としか言いようのないほど多くの共通点が見出せる。二人はあっと言う間に意気投合、水魚の交わりとも言うべき男の友情を結んでいた。

とはいえ、田村洋三氏が著書『沖縄の島守―内務官僚斯ク戦ヘリ』で紹介するある出来事がなければ、大田と島田がこう早い時期に密接に連絡を取り合い、苦悩を分かち合うことはなかった。

それは、米軍上陸部隊が間もなく来攻する可能性が高まった昭和二十年二月十四日のこと、陸軍の軍用船二隻と民間向け荷物を満載した商船二隻が那覇港に入港しており、その夜は、軍民あげて緊急荷揚げ作業が展開された。

大田司令官、島田知事、陸軍の総司令官牛島中将も陣頭指揮を執った。その折、大田は県庁の現場責任者である隈崎《くまさき》輸送課長を、「作業が遅い」「役人仕事は無責任だ」と罵ったのである。大田は当時、海上輸送を任務とする第四海上護衛隊の司令官も兼ねていたから、陸軍へのメンツもあって、日頃は温厚な人が珍しく声を荒げた。

米軍が向かった先は沖縄ではなく硫黄島だったおかげで、沖縄にはわずかながら待つ時間が生じた。

この大田と県官僚の衝突事件から数日後、大田は、小禄飛行場入り口近くの民家に設けた水交社——海軍御用達の直営レストラン——に島田ら県の幹部を招き、男らしく詫びを入れた。隈崎課長の「手記・沖縄戦と島田知事」によると、手打ちの儀式が行なわれた。

大田は、真っ先に隈崎に「先日は失礼した。あの日、陸海軍の緊急会議で、陸軍は『那覇港内の船舶を港外へ待避させる』と言ったが、おれは『待避させてもやられるから、荷物を一つでも多く陸揚げすべきだ』と主張したので、一生懸命だった。あのときは言い過ぎたが、勘弁してくれ」と言って詫びを入れた。

これで座は和み、酒が進み、大田は率先して唄い、島田も待ってましたとばかり十八番の童謡「テルテル坊主」を唄いながら手振り身振りよろしく踊った。軍と官の垣根を越えて夜更けまで盛り上がった一夜となった。

大田と島田のそれぞれに壮烈な最期（大田はピストルで自決、島田は砲弾を浴び殉職）を想いながらも、このエピソードは微笑ましい。

大田實と島田叡、最後の瞬間まで沖縄県民の命を守るために粉骨砕身した二人の巨人の共通点は多い。

二人とも、酒好き、宴会好きで、飲むと芸や唄が出る陽気な人物だった。大田は「軍は民を守るためにある」という決意で赴任し、島田は「官（県庁）は民を守るためにある」という信念であり、沖縄県民を守る気持ちが一致していた。

また、両者とも、決してエリート・コースを歩んだわけではない。むしろ、その逆に近いとも言える職業人生だったが、そもそも上昇志向がなく、与えられたポストを地道に、誠実に務めた点も似ている。

二人には先見性があった。当時の敵性語である英語（大田）、敵国たるアメリカのこと（島田）を学ぶべしという広い視野を持っていた。最後に両者は、千葉に縁がある。大田は千葉出身であり、島田は千葉県の総務、内政の各部長を歴任していたことがあった。

大田の六月六日の「沖縄県民斯ク戦ヘリ」の電報は、明確に島田知事の依頼を受けて発電した四月二十五日の電報とは違い、もはや阿鼻叫喚の沖縄において、知事と連絡も取れないなか、同志・島田の意を汲み、自身の心情をも吐露するように、戦後の県民への福祉を訴えたのであった。

大田少将に救われた人々

司令部壕内から生きて脱出した兵士や民間人は、米軍の執拗な砲爆撃の前に次々と屍となり、生き延びることは極めて困難であった。

辛うじて生還した人々によって、大田の沖縄県民を守る行動は、戦後、知られていくようになった。

戦後、実業家として成功した宮城嗣吉氏（佐世保軍需部那覇派遣隊所属上等兵曹）は、いよいよ最後の時が近づき、壕内中に挺身斬り込みか、自決かで、極度に緊張が高まりつつあったとき、大田司令官が地元沖縄出身の兵・民間人の男子女子の区別なくすべての者を集めて、「死地に活路を求めて命ある限り生きよ」と訓示され、特別伝令の任務を与えて壕外に出るよう命令されたお陰で生還できた。

司令部付の車庫長として、大田司令官の現場視察にドライバーとして随行した堀川徳栄一等機関兵曹の体験。ある日、運転する背中越しに、「堀川、お前は幸せ者だ」と言われ、何のことだか意味を解しかねていたら、「お前は故郷の土になるんだからな」とポツリと言われた。そのとき、堀川氏は、この人は死ぬ覚悟だな、沖縄の土になるつもりだなと思い、胸が詰まって返す言葉がなかった。

自決直前の大田少将は、堀川氏ら生き残り組に対し、「自力で行動できる者は最後まで生き延びよ」と言い残す。この言葉のお陰で生還できたと感じた堀川氏は宮城氏とともに、六月二十三日の玉砕後、なおも各地の壕に立て籠もる人々を救出するために、壕から出てこいと呼びかける宣撫活動に奔走することになった。

堀川氏と宮城氏は、昭和二十年八月二十七、八日頃、海軍司令部壕に入り、大田少将らの遺体を確認、下って、昭和二十七年三月四日に遺骨を収集した同志でもある。

大田少将の身近にいて、その人柄に触れ、命も救われた人として、少将専属の理髪師をしていた金城義雄さんは、「那覇市史」などに体験談を寄せている。金城氏には大田の七女・千冬さんが面会している。

昭和四十七年五月に沖縄が本土に復帰すると同時に、千冬さんは現地に赴任した海上保安庁職員の夫・石谷恒夫氏と共に、海軍司令部壕に近い豊見城《とみぐすく》に住んでいた。千冬さんは母かつの勧めで糸満にいた金城さんを訪れ、歓談した。金城さんは「大田少将は、金城さん、もう南部は危ないから北部の方へ早く行きなさいと強くおっしゃって、おかげで私と家族は生き残ったんです。貴女のお父さんのお陰で命拾いしました」と千冬さんにまで感謝した。

石谷氏には、那覇市内の料亭「春駒」を経営していた木場寿美子さんが、海軍壕に入らせていただいて命拾いすることができましたとしみじみ語ったのが印象深い。木場さんは戦時中は海軍の軍属であった。近年は体調を崩し、当時のことを口頭で話すのは困難だが、海軍壕の中で生き残った人たちは「仁訓《じんくん》の集い」を一七人で三〇年続けていたことが新たに判明した。「仁訓」とは、特段の訓示を指すのではなく、大田少将が日常の接触のなかで軍属等に親しく仁愛の言葉かけをしていたことを総称して示した言葉であると推される。

自衛隊の沖縄移駐

大田實の自決から二七年の歳月が流れ、はからずも三男の落合晙が亡父最期の地に赴任を命じられた。

戦後、米軍の統治下にあった沖縄は、昭和四十七年（一九七二年）五月十五日、ようやく本土に復帰した。自衛隊は前年の夏から、陸海空の要員を九州の各駐屯地・基地に集め、熊本の健軍駐屯地からYS‐11で移駐するはずだったが、空自が先走って荷物を現地に運んだと報道され、そのことが国会で叩かれた。

その結果、一斉移駐は中止になり、さみだれ式にYS‐11を飛ばして自衛隊は沖縄に入り、落合は昭和四十七年七月十八日に「沖縄地方連絡部・名護募集事務所」の建物へ入居した。

反軍感情の流れとして、「自衛隊」を「日本軍」と呼び、「制服」を「軍服」と呼ぶような反自衛隊感情の強い沖縄に赴任させる者として、もともと母数の少ない「沖縄出身者」と「沖縄縁故者（少しでも縁のある者）」が掻き集められた。落合も大賀海幕人事課長に安いカレーライスで口説かれたのは、縁故者として選ばれたのである。

落合の人事は海幕長に権限のある一尉の人事としてなされたものであり、オール防衛庁の意向として、大田中将の子息である落合を送り込んだことを積極的にアピールしたわけではなかった。

とはいえ、佐久間は、地連を統括する陸幕が、沖縄地連の立ち上げに欠くことのできない人材として落合を名指しでもらい受けたのは偉かったと評価する。

激しい反自衛隊運動

落合一尉の人事に対し、現地の新聞は「落合名護募集事務所長は大田中将の息子である。にもかかわらず、息子が沖縄の子どもたちを再び戦場に駆り立てようとしている」と盛んに書き立てた。

落合は、本土復帰前の沖縄に寄港したことがある。

昭和四十一年に遠洋航海中の海上自衛隊・練習艦隊が寄港し、当時、落合は護衛艦「あきづき」の水雷士として同行していた。このときは那覇港の岸壁に立派な舞台が設けられ、沖縄舞踊が披露され、盛大な入港歓迎行事が行なわれただけでなく、沿道に日の丸を持った人たちが列をなし、日章旗と自衛艦旗を先頭に国際通りを堂々とパレードした。落合は、儀仗隊指揮官も務めていたので、練習艦隊司令官の「海軍戦没者慰霊之塔」公式参拝に随行し儀仗隊の指揮をとった。

それからわずか六年の昭和四十七年。沖縄はすっかり反戦、反自衛隊に変わってしまっていた。

「名護募集事務所」は、那覇防衛施設局が奔走して名護十字路という一等地の空き事務所の一階を借り上げてくれたのだが、その二階が左翼の巣窟――北部地区労――だったため、入居当日には三〇〇名近いデモ隊がピケを張り、机、椅子、ロッカーなど事務用品の搬入を阻止し、事務所開きをさせないようスクラムを組んでいた。もはや、沖縄県警機動隊の実力排除なしには事務所へも入れなかった。翌日からも、毎日五〇人から一〇〇人ほどが動員された猛烈なピケに遭った。落合によると、ウチナンチュー（沖縄人）は本当はイデオロギーとは無縁な「保守」なのだが、村八分が恐くて、自分の本当の主張をしないのである。

海上自衛隊出身で落合の防大での教え子だった恵隆之介《めぐみりゅうのすけ》氏は沖縄で異風な「一人立つ」評論活動を行なっている。恵氏のような地元出身のウチナンチューは忌憚なく発言できるが、ヤマトンチュー（本土人）は率直な議論を提示するのが難しい。

渡具知裕徳《とぐちゆうとく》名護市長が「夜にこっそり家に来てください」と落合を招く。市長宅に出向くと、先方は「国がある以上、防衛は重要です。公には申し上げられないので、お呼び立てした次第です」と言った。

名護に限らず那覇の本部、石垣と平良（宮古島）の出張所も激しい反対闘争にさらされた。そうしたなかで、又吉康助地連部長は隊員の募集よりも県民に自衛隊の真の姿を理解してもらうための広報活動を最大の課題、第一義としていた。

ピケ隊は、本土から派遣されてきた労組幹部が牛耳っていて、地元の組合員は割り当てられて朝八時から夕方五時までの座り込みに参加している人が多かった。この当時、労働組合幹部や左派政党幹部で現地に飛んで闘争を指導する者をオルグ（オルガナイザーの略）と隠語で呼んでいた。

来る日も来る日も、デモとシュプレヒコールと抗議の繰り返し。「人殺し集団、自衛隊は出て行け」「ヤマトンチューの軍隊の沖縄移駐は、許さないぞ」と叫ぶ。彼らは、午前一回と午後一回、研修会という会合をしてから、落合所長のところへ抗議文を出しに来た。そのたびに、落合一尉は「はい、わかりました。謹んで防衛庁長官に報告します」と回答しておいた。

平成六年（一九九四年）に、落合は当時を振り返り、なぜか彼らに対してそれほど悪感情が湧かなかったと次のように記している。

「オルグ団のメンバーは別として、デモに参加している現地の組合員の人々の、そして抗議文を読み上げ、私にそれを手渡す代表者、また真夏の沖縄の炎天下、コンクリートの駐車場の上に座り込みを続ける人々の目は、沖縄の海のように美しく澄んでいた」（「水交」平成七年四月号）

耐え抜いた名護事務所

落合たち地連名護事務所にも応援団がいた。夜こっそりとか、裏口からの応援である。地元で昭和三十二年に創業したオリオンビールの工場は名護にあって、その工場長さんが大変だなと慰めてくれ、テニスコートもビールもあるぞと呼んでくれる。保守の立場である地元銀行も陰から支えになってくれた。

「酒は白波」をモットーとする落合であるが、義に厚い人物であるゆえ、ビールについては密かにオリオンを賞揚している。

数少ない味方の人たちから招かれて行くと必ず酒盛り、そして歌と踊りが定番である。実父に似て酒好き、賑やか好きな落合は沖縄の人たちの飾らない心根に接して次第に打ち解け、着任以来の緊張感から解放されるのを感じた。

きっと親父も、ほんの数ヵ月の短い間だったが、沖縄の人たちの澄んだ目、「イチャリバチョーデー」（行き会えば兄弟）と言われる人懐っこさに触れて、そんな沖縄の人々の将来を思う気持ちがあの電文として形になったのだ。

そう感じると、落合は名護所長としての勤務の合間に、那覇へ出張の機会があった際には、自然と亡父最期の地である沖縄海軍司令部壕に足を向けるようになった。

「お父様」を訪ねて

落合は一度、仕事で大変難しい事態が起きたとき、「お父様と語らってくる」と千冬さんに言って一升瓶を抱えて壕に入り、瓶を全部あけたこともある。

昭和四十七年五月十五日、沖縄の本土復帰とともに、落合より一足早く、千冬さんが海上保安庁の職員である夫の石谷恒夫氏と一緒に沖縄に転居したことは先に触れた。その住まいは那覇の南隣の豊見城。まさに亡父ゆかりの地である。千冬さんは、海軍司令部壕が自宅の近くなので、壕を管理する沖縄観光開発公社が毎月十三日に営んでいた祥月命日に参列するだけでなく、普通の日でも息子さんを幼稚園に送り出した後、午前中に壕に行ったこともたびたびあった。

落合は沖縄に単身赴任していた。落合と千冬さんの住まいは沖縄本島の北と南と地理的に離れていたし、落合は那覇にはなかなか出てこられなかった。むしろ千冬さんのほうから陣中見舞いで名護に出かけて行くことが多かった。千冬さんは兄の苦労を目の当たりにした。

名護募集事務所は三人態勢であったが幹部は一尉の落合一人だったので、一人で背負わないといけないことも多かった。

落合と川浪邦彦一曹、前原富男三曹の三人は、まず住居にさえ困った。借家探しに行くと、大家さんは「公務員は国が家賃を払ってくれるから、取りっぱぐれがない」と喜ぶが、翌日には、「昨日の話はなかったことにしてくれ」と前言を撤回した。

十数軒断わられたあげく、三曹は八月に、一曹は九月に、落合は十月に、ようやく入居できた。電話を引くことや住民登録さえも妨害された。

三曹は家が決まったから家族を呼び寄せたのに、住民登録が拒否されたため、最初のうちは子どもが学校に通えなかった。電電公社（現在のＮＴＴ）も組合が強くて、技術のない管理職がやむなく電話取り付け工事に来てくれたが、電話配線のやり方もわからず、むしろ落合たちが助けてやった。落合は、こんな状況は自衛官を差別した人権侵害ではないかと部下のためにも憤慨した。

一曹と三曹は大分出身の人である。住居が決まるまでは家族も呼び寄せられないので、男性三人で事務所に寝泊まりしていた。ビルの一階全部を借りていたのではなく、税関の出張所と隣り合わせだから、狭くて、机を三つ入れるとほとんど空きスペースはないところに男所帯で雑魚寝していた。

落合の防大時代に指導教官をしていた桑江良逢《くわえりようほう》氏（元陸上自衛隊第一混成団長）は、自衛隊が移駐してから次第に沖縄県民のなかに定着していく様を記した著書『幾山河』（原書房）で、落合のことを次のように回想する。おそらく当人は希望して来たのであろう。

「反自衛隊旋風の渦巻くなか、亡父永眠の地沖縄を、果たせるかな、名護募集事務所は、開設以来、百数十日間の連続デモ・抗議をうけた。一週間や十日ではない。夏の盛り、昭和四十七年七月十八日、事務所開設日を皮切りに、休日、祝祭日の別なく、連日デモ・抗議をうけ、ようやく一段落したのは、その年の暮であった。

デモや抗議に来る方は、沢山の組合員のなかから交代交代で来るので、たいしたことはなかろうが、受けて立つこちら側は、所長以下僅かに三名で応接に暇がない。百数十日間におよぶ、この長丁場を、落合一尉は、二名の部下とともに、立派にたえぬき、やり通したのである。

学生時代、一たん握った棒倒しの棒を、金輪際離さなかったあの度根性が、こんなところに、遺憾なく発揮されている」（二七九頁）

落合はもともと、自分の職域である掃海隊に勤務するつもりでいた。地連勤務は不本意であったが、制服の色も違う陸自二人の部下を預かる身となって、気持ちを切り替えた。若いときから酒好きな落合だが、那覇へ出張で出かけても、部下二人を名護に残したままでは、かつての指導教官・桑江氏の誘いであっても、ハイと言わなかった。

桑江氏が当時の落合の様子を書き記している。

「（落合君は）時々、那覇の地方連絡部本部へ、会議などで来ることがあった。私も何回か会って、激励の言葉をかけたが、その都度、とうてい何十日間も連日デモ・抗議を受けて孤軍奮闘している人間とは思えない、学生当時と変わらない明るい笑顔をしており、むしろ私の慰労激励の言葉が、私自身、空虚《うつろ》に響くような思いであった。

『どうだ、今晩ぐらいうちに泊まっていけ。たまには息抜きに、一緒に一杯やろう』と誘ってみたが、

『ハイ、教官ありがとうございますが、部下が待っていますから、またの機会に……』と断って、名護へ帰って行った。

昭和四十八年の暮（原文ママ）、本土部隊へ転勤したが、とうとう沖縄在任中、師弟水入らずで一杯飲む機会を逸したのは、返す返すも残念に思っている」（『幾山河』一七九頁）

落合の側の理由は、当時は名護事務所は連日、反対デモに囲まれていた切迫した状況であり、そこに部下の所員を残してノンビリしてはいられない、ということにつきる。父・大田實同様、いつも笑顔で、部下を愛すること、己の子を愛するが如しである。

周囲の理解

昭和四十七年十月になると、周辺住民の一人で名護事務所の大家さん――名護市役所職員の比嘉さん――が「ボーリング大会があるよ。ご飯を食べにいらっしゃい」と招いてくれるようになった。周辺住民がまず、落合たちが善意の普通の公務員であることを理解しはじめ

た。

はじめは、そういう付近の人たちが、座り込みの労組員とはさすがに県民同士だから正面切って左翼の抗議運動に反対できないので、街の美化運動と称して電柱や塀、壁にベタベタ貼られた真っ赤なアジビラを剥がすようになり、ついに十月三十日に抗議運動は止んだ。「美化運動」の名目を借りて、名護事務所を助けてくれた。

名護のメインストリートだというのに、電柱にもシャッターにも壁にも、所構わずに真っ赤なハデな紙に、猛々しい文字で檄文が書いてあるものが貼られている状態は「汚く、醜い」以外の何物でもない。だからこそ、環境運動、清掃運動として捉えることが十分にできたのだ。

しかし、抗議運動が完全に止んだわけではなかった。地連の一〇周年記念誌には、その後もあったデモ・抗議行動の記録が残る。事務所の家主・比嘉さんも周囲の突き上げに遭い、昭和四九年五月に契約を解除せざるを得なかった。名護事務所は近くのビルに転居し、その後さらに移転して現在に至る。

募集事務の始動

沖縄入りして間もなく、落合が大田中将の子息であると沖縄の人たちにわかったのは、琉球新報が大きく報じたからである。

新聞記事から、落合の発言を引用する。「民間人だけでも、十数万人の尊い命が奪われ、

沖縄勤務時代の落合畯(中央)

さらに戦後二十七年間にわたって米軍施政下におかれた県民の方々にとって、戦争を憎む気持ちはいやというほどわかる。抗議に来られる人たちの目を見ているとそれをヒシヒシと感じます」

落合は数を頼んだ抗議の集団に項垂《うなだ》れることなく、ピケ隊の人々の目に注目していた。さらに、

「私たちだって戦争は憎いです。第一戦争が起きたら真っ先に出るのは自衛隊です。自衛隊が本当に理解されるまでは長時間かかると思いますが、私は頑張ります」

「国を愛し平和を祈る気持ちは誰にも負けません」

件《くだん》の記事は朝日新聞にも載った。

当時の防衛庁が明確に企図したわけではないにしろ、名護募集事務所が徐々に地元に受け入れてもらえた理由のなかには、「落合所長は、沖縄県民のためを思う電文を書いたあの大田中将の子息である」という点は確かにあったという確信が、落合にはある。だが、それだけではなかった。

沖縄地連本部の企画班にいた長谷川重孝氏は、名

護事務所の三人が台風と言えばそっと壊れかかった家屋に手助けに行き、人知れず慰霊碑の清掃をしたり、黙々として地域の方々と接していた結果、住民のなかから街の美化運動が起こり、これらのビラがそれこそ街の人の手によって取り除かれたと回想する。

名護事務所の業務もわずかずつだが始動した。前述のように連日のデモを受けているさなかにも、夜、裏口からこっそり自衛隊の入隊希望者が訪ねてきた。自衛隊生徒希望者も来て、見事合格した。四面楚歌の落合たち三人には嬉しいお客だった。

自衛隊生徒とは、中学校卒業者を、四年間かけて将来の技術レベルの高い曹に育成するコースである。現在は陸自の高等工科学校（神奈川県横須賀市）だけが採用している。

当時、地連の活動では、市町村長に募集の委託業務について説明をするのが重要な仕事だった。しかし、高校を訪れての広報活動は、とてもではないが無理な状況だった。一方、当時は地連の草創期でもあり、生徒や学生を自衛官に勧誘するノルマはなかった。なにしろ隊員の住民登録が拒否されているような状況だからである。落合は、楽しみは「ゼロ」からのスタートで徐々に「輪」が広がっていくことだったと振り返る。

地連全体の募集実績が、落合の言葉を裏付けている。昭和四十七年には二十（男）一〇名、二十（女）一名、生徒一名（受験者二名）、防大学生三名（受験者二〇名）だったのが、翌四八年には、それぞれ五四名、一名、一名（五名）、一名（五〇名）と大幅に伸び、さらに四九年には、一二一名、四名、生徒は〇名だったが受験者は一六名あり、防大は五三名も受験している（合格一名）。

屋良知事との出逢い

落合にとって、沖縄時代の忘れ得ぬ出逢いは、時の沖縄県知事・屋良朝苗《やらちょうびょう》氏だ。赴任した翌年、昭和四十八年の春、又吉地連部長の仲介で、知事のほうから落合に面会を申し入れてきたのだ。

落合が又吉部長に随って知事公舎に知事を訪れると、面談は八時から一五分間という約束だったが、地連側が「海軍の五分前の精神」で少し早めに伺うと、知事が先に玄関に立って出迎えていた。知事は落合の手を握ったまま応接室に案内し、懇々と話を始めた。

それから予定を大幅にオーバーして、なにしろ県議会のさなかだから秘書が再三知事を呼びに来るが、まだよいと言って、結局一時間くらい話し込んだ。その間自分の子どもほどの年若に当たる落合の手をずっと握りっぱなしだったのが落合にはとても印象的だった。

落合は、名護所員への人権侵害のことで知事に文句を言おうと意気込んでいた。こんな苦労をするのは革新県政だからで、諸悪の根源は屋良知事だと思い込んでいたのである。しかし、知事は血気盛んな落合に父・大田實への感謝の言葉とともに、「沖縄が里子に出されていた二七年間の苦労をわかってあげてくださいよ」と言ったので、さすがの落合も用意していた言葉を飲み込んでしまった。

落合は、屋良知事は左翼でも革新でもなく、本当に沖縄県のことを深く思い、県民の幸せだけを願い続けた真の沖縄県民党だと悟った。

屋良知事は「一度滅びた国が再興するには、五年とか一〇年といった短いレンジで考えてはいけない。五〇年、一〇〇年の計で考えなさい」とも諭すように言った。

「里子に出された沖縄」と「養子に出された自分（畯）」。

落合の胸中に、沖縄県民の幸福を最期まで祈念しながら散った父・大田實の息子として、自分も沖縄の苦労を我がこととして、さらに深く捉えようとの決意が増していった。

又吉地連部長が戦後、復員して読谷《よみたん》高校教員をしていた時代の、同じ学校の校長先生が屋良氏であった。知事と又吉部長という二人の沖縄を深く思う心と心の強い絆が、復帰直後の沖縄への自衛隊移駐という難事業の円滑な実施に大きく貢献した。

特別の御高配の実態は？

沖縄県には、日本全体の七〇パーセントの米軍専用基地が集中していて、沖縄本島中部では、土地の良いところは、全部、米軍基地になっているのが現実である。

現在の落合は、亡父・大田中将の遺言である沖縄への「特別の御高配」（格別の配慮）がなされていると実感しているだろうか。

落合はシビアな目線で、昭和五十年（一九七五年）に本部《もとぶ》でやった沖縄海洋博のように、一撃もののショーやイベント、それと、箱物行政だけがやたら多いと批判的だ。ビルを建てるとか、平成十二年（二〇〇〇年）の沖縄サミットのことだ。

税制の特例（租税特別措置法）で、沖縄だけ石油、牛肉、洋酒を安くしてあげたり、自動車輸入関税も安かったので、昭和四十年代末や五〇年代の沖縄では外車のフォードやクライスラーもよく見かけたが、落合の目には、政府が沖縄の一部の人だけが望んでいることをやっていると映る。

復帰直後から沖縄には本土資本がどっと入ってきて、土地を一坪一セントと言われるほど安く買い漁っていたが、これは地元の反感を募らせた。落合たちが自衛官募集事務で真っ黒に日焼けして北部を回っていると、あちこちで土地買いの不動産業者と出会った。先方から「おたくも土地買い？」と聞かれるから、「こっちは、人買い（スカウトマン）さ！」と茶目っ気混じりに言い返していた。

「情の人」である落合は、沖縄に対して、こんな気持ちを抱いている。

「沖縄県民に対して、何をし足りないかっていうのは、理屈じゃない。ハート（心根）の問題です。箱物でも金でもなくてね。政府は『お金を出しているから文句を言うな』とは言えないと思います。中央から援助しているんだから……では納得は得られませんよ」

さらに「ヤマトンチュー（本土人）は沖縄から文句が出るから金、騒ぐと金の対応をしていると、心ある人は怒っているんです。パッチ当ての対応になっていないかということです。政府から見ると十二分のことをしているということになるのかも知れないけれど、それでも県民が騒ぐということは心が通っていないからでしょう。湾岸戦争のときの、日本政府が拠出した一三〇億ドルと同じで、価値はあるけれども、沖縄県民の心を理解しないと県民側の『ゴネ得』になってしまいます」

父から子へのバトン

落合が、満五歳にして死別した実父の生き様をたどり、想像し、生涯かけても、同じような立派な海軍士官に、また、お国の役に立つ指導者に成長するのだという決意は、いったい、いつ頃確固としたものになったのか。

鍵は、やはり沖縄にある。

三三歳で、しぶしぶながら赴任した沖縄において、海軍司令部壕内での「お父様」との語らいを重ね、また、屋良知事との邂逅により、知事から実父に関する評価の最たるものを聞いて、実父の実像をあらためて身近に感じたことから、すでに三〇代前半には人生の目標が明確になっていた。

落合は、名護募集事務所長として那覇の本部へ出張の際には、実父最期の地としての沖縄海軍司令部壕を訪れた。

「海軍壕のある豊見城の高台へ行くと景色がいいんです。それに親父は酒が好きだったから、私が一升瓶を下げて壕に入っていったのを見かけたとあちこちに書かれていることは本当です。親父へのお供えと言いながらも、持参した酒を実際に飲んだのは、そりゃ私ですがね」

事務所が座り込みの抗議運動に囲まれて、辛抱強い落合もさすがに疲労が溜まっていた昭和四十七年の夏の終わり頃のことだ。

落合は那覇の本部に日帰り出張をしたついでに、「お父様」に仕事の悩みを語ってみようと司令部壕に日本酒の瓶を抱えて入っていった。部下の三曹にやっと借家の住居が決まったというのに、市役所の担当が住民登録の申請を受け付けてくれないので、部下の子どもが地元の学校に通えないでいるのだ。部下も、その妻子のことも可哀想で、落合は「いったい、俺たちは、どうしたら地元に受け入れてもらえるんだろう」と行き詰まりかけていた。

仄暗い司令部壕で懐中電灯の灯りを頼りに、酒を注いだ茶碗を二つ用意し、落合は幼いときの「たーちゃん」に戻って、亡き「お父様」にありのままを訴えた。

「お父様。昔は、俺をお膝の上に乗っけて、お盃を舐めさせてくれましたね。今は俺もお父様と同じくらい酒が強くなってねえ。血は水よりも濃いってホントですね。俺が、お父様にお酒を注いであげる番になりました。ねえ、お父様、三人所帯の名護事務所、唯一の幹部として、俺は、どうやって部下を守って業務に邁進していけばいいのかな？　お父様のような芯が強くて逞しくて、部下をとことん守り抜くような幹部になれるだろうか。何か、お知恵を貸してください」

「お父様」と日本酒を酌み交わすうちに、晙の胸のうちに、不思議な自信とともに、智慧と工夫も湧いてきた。

「そうだ！　私たちが、ただ、仕事で参りましたからよろしくお願いしますというような姿勢でいたら、いつまで経っても、『軍隊の名残のヨソ者』という扱いを受けるのは当たり前だ。地元の町村、地域の一人ひとりのなかに、積極的に溶け込んでいく、それも、おためごかしの姿勢ではなくて、地元や近隣のどんなお手伝いでもさせていただきます、掃除でも雑用でも役立つことなら何でも率先してさせていただきますという気持ちになることなんだ。お父様は、いつも気さくで親しみやすい士官・将官であったと聞いています。お父様が俺の立場なら、きっと、そういうお気持ちで静かな戦いを粘り強く展開されるでしょうね。俺、部下を守るためにも、また明日から頑張りますから、お父様も見守っていてくださいね」

落合は、司令部壕内での実父への決意のとおり、部下二人を督励しながら、率先して地元の行事のお手伝いをしたり、清掃・雑用なんでもござれと地味な活動を続けていった。その結果、まず周囲の町民から「ああ、あの三人は親切で、付き合いのいい人たちだなあ。自衛官って、真面目で信頼できる公務員なんだな」とプラスの評価を得ていくことになり、ついには、名護事務所の基礎を築きあげるという成功を収めた。

昭和四十八年の春、落合所長は、先方からの強い求めで、実父と同年配の屋良知事と面談した。屋良知事は、大田司令官への感謝の気持ちから、若い落合の手を握りしめながら、数数の話をした。

「貴方のお父さんが、あの電文で沖縄県民への福祉を言ってくれたおかげで、沖縄は日本に帰って来られたんですよ。二七年間、里子に出されていたんです。貴方がたは今、大変苦労して、悔しい思いもしているだろうけれど、その二七年間の苦労をわかってあげてくださいよ」

屋良知事との出逢いは、後の落合の「指導者論」「国家論」の形成に影響を与えたという。沖縄県民の幸福を最期まで祈念して、戦後の沖縄の復興と福祉に道をひらくための電報を

「遺書の如く」残して散った実父・大田實。その息子として、同じ海軍士官となったからには、父の名声に甘えてはいけない、自分として普段から国や民に尽くし抜き、いざというときには新しい道をひらくような戦いのできる一角《ひとかど》の者になりたい、いや、ならなければ、実父に恥をかかせてしまうではないか、との誓いを立てた。

「そうか、ピンさん（佐久間）が若き日に俺に口喧しく『大田のお父さんに恥ずかしくないか』と活を入れてくれたのも、同じ意味なんだ。俺は、お父様と同様、出世や華やかさには興味はないが、『あの父ありて、この息子あり』と言われるような海軍士官に絶対になるぞ！」

誓いどおりに落合は、実父と同様「国の将来のために道を拓く」実績を残す戦いを展開した。

大田の「唯一の遺言」とも言えるあの電報は、敗戦後、日本から切り取られてしまったままの歳月を味わうことになる悲劇の地「沖縄県」を本土に復帰させ、さらに米軍基地の重圧に喘ぎつつも、これに大きく依存した沖縄県民の経済生活に特別の配慮がなされてきたことの秘かな「拠り所」となってきた。この事実は、誰にも否めない厳粛なものだ。

沖縄返還協定をめぐる審議がたけなわの昭和四十六年十一月の衆議院本会議において、福永一臣議員（自民）が、大田少将の電文の末尾を引用し、「これこそ、二十六年たった我々に対し、まず一日も早く沖縄返還を実現せよとの天からの至上命令を意味するものではないでしょうか」と演説し、満座の拍手を浴びていることもその証左である。

平成三年（一九九一年）以降、落合の活躍が引き金になったかのように、本土と沖縄の格差、沖縄の米軍基地問題が国会で論議されるとき、多くの議員や大臣が、再び大田實の電報を引用している。

平成二十三年（二〇一一年）十月の衆議院本会議では、沖縄でのサミット会議開催（平成十二年）を決断した小渕恵三元総理の二女である小渕優子議員（自民）が当時の野田佳彦総理に対し、大田實の電報をどう考えるか質したのに対し、野田総理は次のとおり答弁し、翌二十四年二月の沖縄訪問時には、初日に一時間にわたり海軍壕を訪問している。

「ご質問にあった大田実中将は千葉県の出身でございまして、沖縄戦の悲惨さ、沖縄県民の過酷な実情と献身を訴えた電報は私もよく認識をしております。

しかし、戦後を通じて、また、沖縄返還を経て今日に至っても、沖縄県民の皆様に重い負担をお願いしてきたことについて、政府として大変申しわけなく思い、負担の軽減と普天間基地の危険性の除去を一刻も早くなし遂げたいと考えております」

落合、沖縄を去る

沖縄地方協力本部と同ＯＢの石嶺邦夫氏のご厚意で入手できた資料のなかに、地元の週刊誌「サンデー沖縄」昭和四十八年四月十四日号がある。三三歳の凛々しい落合の写真とインタビュー記事が載っている。

落合は、妻子を内地に置いたままの単身勤務で、その頃長男の剛君が生まれたばかりだった。

インタビューの結びで落合は語る。

「こうして家族と離れて暮らしていますと、いろいろなことを考えます。不便だし、家族の顔も見たい。しかし、この仕事は一日も休めません。一日休めば自衛隊の理解者をその日の分だけ増やせませんからね」

亡父との絆をある種「誓い」にまで深めることができた沖縄、厚い人情にも触れて愛する地となった沖縄での仕事に打ち込んでいた落合だが、わずか一年一ヵ月後の昭和四十八年八月に沖縄の地を去ることになった。落合の養父・英二が危篤となり、又吉部長が人事異動の配慮をしてくれたからだ。

妹の石谷千冬さん一家も転勤のため、落合の後を追うように四十八年九月に沖縄を後にした。

第五章　蛙の子は蛙――晙のネイビーへの道

大田家の貧乏のどん底

大田實《みのる》は生前、「軍人には財産も土地も要らん。なまじそんなものがあると、死に際が汚くなる」が口癖で、金銭や物に執着しなかった。

それは確かに軍人として高潔な姿であったであろうが、戦前から戦時中の軍人の地位の高さ、退職しても恩給で生活していけるという保障があっての話である。

田村洋三氏の調べでは、戦前の大佐の年俸は四一五〇円。このほかに戦時加俸などいろいろ加算され、月給は四〇〇円を下らなかったという。当時の大卒会社員の初任給が七五円であるから、相当な高給取りだ。

大田は、昭和十五年（一九四〇年）四月二十九日（天長節。昭和天皇の誕生日）には支那事変の功績として、旭日中綬章と一時金である二二〇〇円を授かっている。敗戦前の大田家は家計に十二分のゆとりがあった。

しかし、敗戦がすべてを一八〇度変えた。

大田少将が沖縄で自決した後、かつ夫人の手元には上は一七歳から下は乳飲み子まで九人の子が残された。上の二人はすでに他家に嫁いでいたが、まだ九人もいる。どうやって母子一〇人が食べていけばよいのか、かつ夫人は絶望的な気分になった。

家長の死後、茫然自失のときが過ぎると、大田家を飢えと貧困が襲った。かつ夫人は、まだまだ食べ盛り育ち盛りの子どもたち九人を女手ひとつで養わなければならない。軍人の俸給も、それに代わるべき軍人遺族への恩給もマッカーサーの命令で停止され、収入が途絶えた。

かつ夫人は着物・帯、宝石類などをわずかな食物、それも米麦は滅多に得られず、メリケン粉や芋類と物々交換する、いわゆる「たけのこ生活」——一枚ずつ皮を剥ぐの意味——でその日その日を凌ぐことになった。

食べる口が一〇もあると、そんな生活も追いつかなくなり、かつ夫人は、元将官夫人の見栄も外聞もなく、収入の途を探した。昭和二十一年（一九四六年）春、三女愛子さんら娘三人に安芸の宮島までゼリーの行商に行かせたりもした。かつ夫人自身も、毛糸、魚、化粧品、文房具など、次々と品物の行商に奮闘した。

田村氏の著作によると、昭和二十年（一九四五年）八月の終戦の日と、昭和二十一年頃にかけて、最低二回、かつ夫人は青酸カリを使って一家心中してしまおうと企図したようだ。

終戦の日の、かつ夫人の死への誘惑の意図を偶然知ったのは、一七歳だった愛子さん。

かつ夫人は、生きていくあてもないし、おめおめ生き恥を晒すよりは、皆で潔くお父様の後を追いたいと殺気だった顔で言った。

愛子さんは、三年前の父と自分の水入らずのお伊勢参りで、今は亡き父から「お父様が戦死しても泣かないで、弟や妹の面倒をみてやってくれ。お母様をよろしく頼む」と託されたことを思い出した。母に、死んだつもりで生きていけば何かはできる、敗戦後は大田中将の家族だという地位も名誉も恥も外聞もないから、みんなで子守でも皿洗いでも靴磨きでもすれば、家族散りぢりばらばらになっても生きていくことはできると思うと、必死で説得した。

愛子さんは青酸カリもこっそりと処分してしまい、一家心中は未遂に終わった。

三男・晙《たおさ》の運命を変えたのは、まさにこの大田家の経済苦であった。

東京での新生活

昭和二十二年（一九四七年）三月、七歳の晙少年のみ東京の落合家に引き取られる。

当時、東京帝国大学医学部薬化学教室の教授であった母方の伯父・落合英二に子どもがいなかったこともあり、大田家の窮状を見かねた英二のところに、小学二年に上がる直前に口減らしのために養子にもらわれて行ったのである。

英二は妹かつに「一人、俺が引き受けるから連れてこい。女の子はホームシックにかかるから、男の子がいい。それも長男でないほうがいいだろう」と手をさしのべた。

英二は医学部（昭和三十三年以降は医学部から独立した薬学部）薬化学教室の第三代教授

で、昭和四十年（一九六五年）に日本学士院会員となり、昭和四十四年（一九六九年）に文化勲章を受章した。

英二は甥の晙を引き取ったとき、満四八歳であった。妻の光代は四一歳であった。すぐに正式な養子縁組をしたわけではなく、防衛大学校に入校するまでは晙の姓は大田のままであった。落合は今でも、高校までの友人からは「晙君」とか「大田」と呼ばれている。

次姉の村上すが子さんが晙を東京に連れて行ったが、当時の汽車はスシ詰め状態に混んでいたので、晙は網棚に乗って東京まで旅をした。その頃は、小柄な子どもをあたかもボストンバッグのように網棚に乗せて長旅をすることなどは日常茶飯事だった。

母親や大勢のきょうだいたちと別れて東京に来たときの心境はどうだったのだろう。

落合は飄々と語る。

姉たちに聞くと、東京の伯父さんの家に行くと卵が毎日食べられるから、行きたい人は誰と母かつが訊くと、晙がハイッと手を挙げたとの話が残っている。昔から今に至るまで、喰い意地は張っていると落合は苦笑する。

晙は、七歳だったのでそれほど深刻には考えていなかったというのが真相だ。かつ夫人は跡取りになる長男や次男を出すわけにはいかなかった。晙は母が正しい判断をしたと思っている。それに、晙は「呉に帰りたい」と言ったら実家の母が一番困るというのは子ども心にわかっていた。だからこそ晙には、寂しいとか帰りたいと言った記憶はない。

しかし、晙少年は、口減らしのかたちであろうが、幼くして「家を出た」ことにより、かえって他のきょうだいたち以上に晙の父に憧れ、渇仰《かつごう》するようになり、長じては、父を模範として愛と誠意に溢れる人格を形成していくこととなる。

卵が食べられるから云々という面白おかしい話は、すが子さんが大袈裟に話したもので、真相は、かつ夫人は英二と何回も文通をして、三男の晙に決めた。長男は家を継がなきゃならない、次男も長男と一緒にいたほうがよいだろう、それに二人はもう疎開とか経験しているから、白紙状態の三男がちょうどよいだろうということであった。

落合英二教授の家は、一軒家ではなく、小石川の家が空襲で焼けたため、当時は東京都練馬区石神井南田中の相原家の離れを借りていた。

家には、専用の子ども部屋などないし、東京帝大の教授といっても大金持ちではないから、晙少年は特別扱いはされなかった。ただ、養父母、とりわけ光代は晙少年に一生懸命気を遣い、寂しくないようにと兎や鶏を飼ってくれた。

往時の石神井は、麦畑や田圃に雲雀《ひばり》がさえずり、小川には魚という自然に恵まれた環境で、腕白坊主の晙には愉しかった。養父英二は科学者なので、山羊の子が生まれたから観察しろ、朝顔の種を蒔いたら観察日記を書け、オタマジャクシを取ってきたら……と、すべてにわたり「観察」による教育と躾を、押しつけではなく自分でそうするように仕向けて、施していた。生き物だけではなく、ミョウバンの結晶作りもやった。

落合は養父による教育を振り返り、今から思うとありがたかった、現場を見る観察の癖は、ペルシャ湾で、毎晩、補給中の各掃海艇やその隊員たちの様子を把握するときに大いに役立ったと語る。

畯少年をめぐる人間模様

畯は、実家の大田の母かつや姉たちがたまに自分を訪問してくれたときは、とても嬉しかった。しかし、交通事情も今ほどよくはなく、経済的にもまだゆとりの乏しかった当時のことなので、会える機会はそうたびたびはなかった。

畯がもらわれて行ってから四年後の昭和二十六年（一九五一年）、かつ夫人の姉・谷野せつが一三歳の大田八千代さん（六女）を養子として引き取った。英二伯父と谷野の伯母は結託して、養子にした子どもたちに里心がつかないようにいろいろな工夫をした。

谷野せつは、戦前に日本女子大学卒業後、官界に入り、当時、労働省少年婦人局に勤務。国連婦人の地位委員会の委員を務めるなどキャリアウーマンのハシリである。夫君は戦時中に病死しており、八千代さんを引き取ったときは独り暮らしであった。せつ伯母は、八千代さんや畯をみどりさんの家庭――中嶋家はだいたい神奈川県内にあった――までは遊びに行かせるけれど、呉の実家には行かせなかった。実母かつ夫人は、そんなに信用できないのかしらと呆れていた。せつ伯母は、みどりさんが谷野家に来ると、「八千代、ヴァイオリンのお稽古が残っているわよ」などと言って姉妹を会わせないようにした。英二もタッグを組んで、みどりさんが落合家を訪問すると、わざと畯にお遣いや所用を言いつけて外出させ、みどりさんには畯は留守だと言った。

英二は、みどりさんに「晙は、もうみどりたちのきょうだいじゃなくて、続柄では従弟《いとこ》なんだ」と常々言った。晙はそれを気にして、姉弟水入らずでみな集まろうという機会には遠慮して来なかった。平成七年（一九九五年）の、父親の五〇回忌法要の折に来たくらいである。

厳格な性格であり、多忙を極めていた養父英二は、子どもの扱いに不慣れで、しばしば育児の上で摩擦が起こった。晙に自分では指導しきれない側面があると感じたときは、むしろ同性で歳もまだしも近い晙の義兄《あに》——中嶋忠博元大尉に少年の面倒を見ることを期待していた。中嶋氏がシェル石油に入ってからも、英二は中嶋氏を呼び出して晙の躾・教育について説教をした。

晙も、一九歳年長の義兄を実の兄として心から慕い、長じるに及んでは「ウマの合う男きょうだい」として、よき酒飲み友達になっていく。

長姉の家庭である中嶋家が、指呼の間である神奈川県にあったことは、晙の思春期から青年期にかけての大きな支えになった。

晙の腕白ぶりは、後年大物になる萌芽を感じさせる。

晙は第三師範附属小学校時代から、「悪戯の先頭」を切るような子だった。例えば、友人何人かと一緒に組んで、警察署の看板とか、お役所の看板など、絶対に売れない物を取ってきては、学校で、一緒に行かなかった友人に見せて喜んでいた。そのたびに英二は「おかつの躾が悪いからだ」と怒ったので、大田家の者は勘気を被り、みどりさんも一人では落合家に行けなかったが、中嶋氏が一緒について行ってやっと許してもらった。

晙少年の学校生活

晙はどんな小学生だったのだろう。

今や古稀を超えた落合は顔をクシャクシャにして頭を掻きながら、学課は不得意で、体育と音楽が得意だった、そのころから自衛隊向きだったかなと笑う。とくに歌については、得意そうに、こう見えても昔はボーイソプラノだったので、学芸会で「兎追いし、かの山～」とソロで文部省唱歌「ふるさと」を歌ったこともあると自慢する。

また、落合は終戦直後、呉の五番町小学校一年藤組のときに横綱の羽黒山ら一行が巡業で来たとき、本物の相撲を見て感激して以来の相撲ファンである。歌のような賑やかなことが好きで、相撲ファンであるというのも父・大田實譲りの血を感じさせる。

大田實は、青年時代からスポーツ万能であり、相撲も得意であった。また、和歌をよくしたので、相撲をも俳句に詠み込んだ。田村氏の前掲書で紹介している二首も、特務艦「鶴見」艦長時代のものだ（昭和一三年）。

春場所を　赤道で聞く　軍艦
二場所を　南支で聞くも　事変らし

さて、畯は、昭和二十二年春、第三師範附属小学校（現在の東京学芸大学附属大泉小学校）の二年に編入した。畯少年が小三の秋に落合家は石神井から文京区茗荷谷に引っ越した。少年は当初は茗荷谷から大泉学園に電車通学していた。

しかし通学の便のために昭和二十四年春、山手線の大塚駅に近い東京教育大学附属小学校（現在の筑波大学附属小学校）に転校した。その後、同大附属中学高校と進学した。畯が中高六年間に最も情熱を傾けたのは、水泳の部活である。中学では千葉県富浦へ臨海学校に行き、水府流《すいふりゅう》太田派の泳法をものにした。

畯は、とにかく教室にいるよりも、外にいる時間が長い子どもだった。水泳、応援団長、学芸会の大道具係、運動会の裏方などに熱中し、学課はともあれ、課外活動は得意で大活躍だった。

人の輪の中に入るのが特技で、仲間に尽くすのが好きな落合は、今は水泳部のOB会で創立七五周年を超えた「紫水会」の会長も務めた。周りから落合でないとと勧められると、すぐに乗せられてしまうと愚痴っぽく言う。

附属中学では、「よく遊び、よく学べ」の伝統の下、畯も部活で運動をせよと勧められた。ある日、畯がプールの近くで水泳部の練習を眺めていた折、先輩が「水泳は、褌一本でできるんだぞ」と誘い、林檎をくれた。それで水泳部に入ることになった。泳ぎは、中学校のときが一番早かった。自由形の選手で、八〇〇メートルや一五〇〇メートル種目に出た。高校二年時には東京都代表でインターハイに出場した。

附属小学校は三クラス、中学は四クラス、高校は五クラスあった。中学あるいは高校に進む時点でふるい落とされる生徒も少なくなかった。落合は、自分は、よく遊びよく遊んだ口なので、ほんの小指一本で引っかかって中学・高校と上に進めた部類であったと笑う。

海上自衛官への憧れ

落合畯が自衛官、それも海上自衛官への道を決めた理由は、やはり、何と言っても実父・大田實のことがあるから、「蛙の子は蛙」である。

畯が高校のときから海上自衛隊の観艦式が始まった。高校一年のとき、羽田沖で行なわれた観艦式の乗覧券が手に入って、米軍から供与されたフリゲートやロケット弾艇を観て感動した。

フリゲートとは、潜水艦の制圧を主な目的とした艦で、駆逐艦より小型のものである。砲や魚雷のほかヘッジホッグという対潜水艦ロケット弾を積んでいた。

畯少年は、進学を本格的に考えだした高校二、三年のときに、自分の適性に合いそうな防衛大学校（その先の海上自衛隊）を具体的に志望するようになった。この頃、左翼的作家の大江健三郎が「防大生は日本の恥だ」という発言をしたり、お茶の水女子大の学生が「防大生とは結婚しません」と宣言して一部の喝采を受けていた。そんな知的左翼礼賛の風潮への反発もあった。

畯の職業への動機だが、中学生の夏の頃、義兄・中嶋忠博元大尉との間に以下のようなやりとりがあったという。

中学生の畯は、水泳が得意で、泳いでばかりいた。養父の期待とは裏腹に、船乗りになりたいという夢が膨らんでいた。外国航路の船に乗って世界中を回ってみたいと思うようになっていた。夏に畯の進路を決定づけることがあった。義兄の中嶋が、仕事でたまたますぐ近くまで来たと言って、落合家を訪れ、畯と二人っきりで話す機会があった。

畯は「船に乗りたい」と中嶋に言い、中嶋は「大田のお父様は、沖縄からたくさん電報を打っているんだ」と言って、「沖縄県民斯ク戦ヘリ」の電文を畯に読ませた。

中嶋が「この沖縄からの電文は、将来の日本にあてた遺言なんだ……考えてみろよ。平和を一番願っているのは戦場の軍人じゃないか」と述べたとき、畯はガツンと頭を殴られた気がした。これまで無意識に封じ込めていた実父への思いが雲のようにわき上がってくるのを覚えた。（青山淳平『海にかける虹—大田中将遺児アキコの歳月』より要旨抜粋）

亡き畯の父への抑えがたい思慕、情念、血の濃さというものが、畯を「俺もお父様と同じ海軍士官になりたい」と思わせた。

もう一つ、経済的な事情もあった。

あるとき、畯が中嶋の姉夫婦の家に来て、切々と、「お兄様、お姉様、俺はもう……学費を伯父に出してもらうのはいやだ」と訴えた。学費などを世話になっているからこそ、伯父の跡継ぎとして医学か薬学の道へ行くことを断わりにくく、また、跡継ぎになるような大学に入れれば、また延々と学費のお世話をかけるということに耐えられなかったのである。

晙は、父の面影を追い求めて、海上自衛官になりたかった。医学部・薬学部など自分の意に添わない進路を取るとしたら、血は繋がってはいても、あくまでも他人の伯父にずっと負担をかけ続けることになる。かといって晙の実家は相変わらず火の車であり、大学進学に際し、母かつを頼ることはできない。「防衛大学校なら、官費の学校で学費はただだ。しかも、学生手当という一種の給料まで付く」と晙は考えたのだ。

司馬遼太郎著『坂の上の雲』の主人公である秋山好古・真之兄弟も、貧乏のどん底の下級武士の家庭に育ち、勉強したり出世したりするには、官費で行ける軍の学校に入って、軍人になるしか道はなかった。彼ら兄弟は、頭脳明晰なので、本音は旧制高校から帝国大学に進学することを希望していたが、家計が許さず、軍の学校に行った。兄は陸軍士官学校、弟は海軍兵学校。昔は「軍に行く」ことが、多くの場合、貧困家庭出身を意味した。とかく貧しかったり、家庭に恵まれないなどのハンディがあったりするほど、立派な人になるものである。各界を見渡しても昔の人のほうが立派なのは、今は皆それなりに恵まれていて中途半端に幸福だから、立派な人がなかなか出ないということだろう。

晙の防大受験

養父の落合英二は東大医学部の薬化学教室教授だったので、養父母は人情的には晙を医者か薬学のほうに進ませたかった。晙自身はどこを受けるとも、とくに明言していなかったが、養父母は晙の本心に感づいていた。

英二は、晙が防大に進んだことに対して「がっかりした」と言うことはなく、たびたび「そういう選択、つまり実父と同じ職業もあるのではないか」という言い方をしていた。あるときは、薬学の関係者に「やっぱり蛙の子は蛙だな」の一言をもらした。

また、気持ちとしては晙に医者を目指してほしくても、能力的には無理だとわかっていたようだ。晙の高校の担任教師は「医者の道だなんてとんでもない。人道的に大問題だ」と言った。

海上自衛官は晙の性格に向いていた。養父でさえ晙が一尉のときに、「お前は自衛官に向いていた」と言った。晙は呉の家の時代はきょうだいの数が多いため、食事のときは、自分の前のものよりも、卓袱台《ちゃぶだい》の真ん中に盛ってある大皿のものから食べる習慣がついていたので、防大の団体生活に向いていた。

晙は高校三年の秋まで水泳三昧、毎日プールで泳いでばかりいたので、一年浪人する予定でいた。現役の冬には、とりあえず東京医科歯科大学と千葉大学医学部を「一応」受験した。しかし、晙には試験問題はサッパリわからず、仕方がないので鉛筆を転がして回答を書いていたら、悪い仲間がいて窓の外から呼ぶ、そいつがサッカーボールを持って来ていたから、試験はそっちのけで遊んでしまった。合格発表の日は、一応弁当を持って見に出かけたが、見なくても明らかなので足は映画館に向いた。

一浪した晙は、昭和三十三年（一九五八年）十二月頃、家に内緒で防大を受験した。当時、防大の試験は早い時期に行なわれていた。養父母の目があるから工夫して、願書を友人宅の住所気付で出した。しかし、一次試験が終わったとき、自衛隊の募集担当者が連絡先を書いていくようにと言ったので、予期せぬ展開に動揺した畯は本当の落合家の住所を書いてしまった。

一次試験に合格して、その通知は畯の不在中に自宅に着いた。養母が受け取って開けてしまい、裏切られたと言って泣きだした。養父は初めから俺たちに言えばよいのに泥棒猫のようなまねをするな、勘当だと怒った。畯は二週間のあいだ三人の友人宅に居候した。

畯は、放浪から自宅に戻ると、ひたすら隠忍自重した。一月には防大の二次試験があり、朝、そっと出かけようとしたら、横から養母がすっと弁当を差し出してくれた。そのとき、畯は「敵（養父母）も、ようやく許してくれたか」とホッとした。

大田畯は防大に無事合格した。

昭和三十四年（一九五九年）四月の入校式には英二・光代は二人して快く家から見送ってくれたし、四年後の卒業式には横須賀市走水の防大まで来て参列してくれた。

養父英二は、さすがに落合家の跡取りが防大に悪い成績で受かっていたのでは恥ずかしいと思い、こっそりと試験時の成績を調べたら、まあ悪いということもなかったので、これなら許してもよいかと心を決めた。

落合は彼独特の飾らない言葉遣いで、自分のような「捨て子」には、防大のようなよいところはない、勘当されても喰っていけるからと表現する。当時は、学生手当として月三六〇〇円がもらえた。大学を卒業した会社員の初任給が昭和三〇年にようやく一万円を超えたような時代であった。

大田の実母かつは畯の防大合格を知り、嬉しかったので、「たーちゃん、よかったね」という手紙を畯に寄越した。その内容が養父母に知れて、英二は妹かつとの間で「お前が唆《そそのか》したのか?」「私は何も知らないわよ!」と言い争いになった。

実際のところ母かつは、畯がずっと「大田」の姓のままでいたので、いつかは県の自分のところに帰って来てくれると思い、それなら海上自衛隊か海上保安庁に進んでくれることを希望していた。防大入校後、一年生の四月に、畯は正式に落合家の養子になり、「落合畯」を名乗ることになる。畯、満一九歳のときである。

この入籍の経緯を巡っては、英二は畯に対し「二〇歳になったときに落合家を継ぐかどうかは、自分で決めろ」と言った。畯はそれは狡いなと思った。公式には畯の意思で養子縁組を選んだことになっている。

畯の秘めた苦悩

防大時代、そして呉勤務時代の落合は、休暇で実家――母かつの住む呉市池ノ浦市営住宅――に行っても、母に対しては無口で、古いアルバムばかり熱心に眺めていた。そこへ五女の勝子姉さんが来ると、姉弟で延々と話している。その様子を見た母は驚いて、たーちゃんは無口な子じゃなかったんだと思った。

東京にもらわれっ子になってからの年月、自由に実母とも会うことも難しかったので、母かつと晙との間には非常に複雑で余人には慮れない感情が存在した。

かつ夫人はみどりさんに対して「たーちゃんが、防大の休みのときや艦が呉に入ったときには家に寄ってくれるのに、お母様とは話してくれない」と嘆いていた。しかし、これはかつ夫人にも原因があった。実母として晙を伯父の所に行かせた訳をちゃんと本人に話していなかったからだ。見かねたみどりさんが、晙にちゃんと言ってあげればわかってくれるだろうにと母に言うと、かつ夫人は「そりゃそうだけど……」と今さらでは時機を失していて困ったように下を向いていた。

母かつは晩年に病に倒れる前に晙に、そのことを説明するチャンスを永久に逸してしまったのだと、みどりさんも切なく感じている。

落合の胸中には、少なくともある時点までは「何らかの痼《しこ》り」や「男子として一人だけ貧乏くじを引かされたことに対する腑に落ちない思い」があったのだろう。落合は母から話しかけられること、母が自主的に説明してくれることを待っていたのかも知れない。

落合を巡る、とあるエピソードをみどりさんが指摘した。

平成二十年夏、みどりさんの娘婿の仕事の関係で、晙の世話になることがあり、皆で集まった。最後に席を立つときに晙が姉に「だって、俺はお母様に捨てられたんだもん」とポツリと言ったのだ。みどりさんは晙が本当はそんな風に感じているかも知れないと、ずっと気になっていたので、すかさず「たーちゃん、やっぱりそうだったの？」と問い返したのだが答えはなかった。

たしかに、落合が大田家から男子でたった一人、残りの家族から遮断されてしまった当時の悲哀は否めない。

ただし、落合の傑出したところは、悲哀という感情をマイナスの方向に向けることがなかったということである。

自己の悲哀を克服した上に、トレードマークである朗らかな笑顔と海のように広い心があり、その延長線上に平成三年に窮地にあった日本丸、すなわち日本の名誉を救うことができた指導者の資質が備わるようになった。

個人としての落合を最もよく知る一人である佐久間一《まこと》元統幕議長は、人によっては、苦労したせいでマイナスの経験をする人もいるが、落合は小さい頃、若い頃から苦労のなかで「情の人」、人の世の付き合いができる人物になったのだろうと見ている。

佐久間のピンさんと晙の名コンビ

海上自衛隊・ペルシャ湾掃海派遣部隊が派遣された当時の佐久間一海幕長――通称「ピン」さん――は、落合（防大七期）が学生のときの指導教官だった。

博徒用語でサイコロの「一」の目を「ピン」と呼ぶことから周囲は「一（まこと）」をピンと呼ぶようになった。

現在の佐久間は昭和十年生まれの戦中派で防大一期。腰が低く、ニコニコ笑顔を絶やさないユーモリストの好々爺。やや早口の切れ味の良い口調と抜群の記憶力に自信を持つ人物である。

落合が防大で三年から四年に上がるとき、防大一期生が二尉クラスの学生指導官として入ってきた。佐久間のほか、海上自衛隊からは小西岑生（ペルシャ湾派遣時に、落合部隊の上級組織である自衛艦隊司令官）や吉川圭佑（大湊地方総監）など、若手の選りすぐりがやってきた。

それまで防大の教官には特攻崩れとか型破りな人も多かったが、幹部の卵の内の教育が大事ということで、方針が変わったのだ。こういう先輩たちは、自分らが防大学生のときに悪いことをしていたから、その経験を存分に活かして学生たちを取り締まった。

佐久間は卒業後、幹部候補生学校を経て、フネに約三年乗ってから、防大に指導官として入った。この頃は、指導官に帝国海軍の経験もなく、いわば隙間の時代であり、学生との関係は大らかだったけれど、指導官が学生に遠慮があったので、学生は甘やかされていた。

そこで、防大一期の面々、陸自は志摩篤（のち陸幕長）や「軍神」と呼ばれた大東信祐、海自は佐久間やその親友の小西、吉川が指導官に配置された。まだ六期生が四年生だったときからである。

佐久間たちは週末には海上要員と一緒にカッターに食料を積んで房総半島へ渡ったりした。大勢の者が息を合わせて太いオールを漕ぐ訓練だ。あるときは東京湾の真ん中で前線にぶつかって、やっとの思いで房総半島に着いて積み荷を揚げたら、なぜかウィスキーがゴロゴロ出てきた。一瞬、指導官も学生も驚いたが、皆で呑んだ。

佐久間たち若き指導官の投入のおかげで、四年生としてお山の大将になれるはずだった落合たち防大七期はとんでもない目に遭った。カサブタをわざと剥いで上から塩を塗られるような体験だった。

防大校舎のある小原台（神奈川県横須賀市）の下の走水海岸に、海上訓練場がある。ある日、落合たち海上要員の学生は、途中でおでんの買い食いをして、バレないように串を道に捨ててから戻った。後ろから付いてきた敵（指導官の防大一期）はニヤニヤしながら、「貴様ら、この串は何だ！　もう一回戻って、キチンと拾ってゴミ箱に捨ててから、もう一度ここまで走ってこい！」と容赦なく叱りつけた。

佐久間はこの時代の落合に「お父さん（大田中将）に恥ずかしくないのか！」という指導をしたことがある。

あるとき、佐久間が落合を「畯、畯」と親しみを込めて呼んでいたら、落合から「大田の両親からも、そんな風に呼び捨てにされたことはない！」と言い返されてしまった。

佐久間からすれば、防大出の指導官は、学生に対して、先輩と後輩であり、兄と弟だという意識で「オールマイティでやるぞ！」という対応をしていた。

しかし、学生もさるもので、ある日など佐久間が学生に、星の位置から自分のフネの現在位置を正確に把握する天測の課題を与えて、学生をその場に残して暫くしてから様子を見に行くと、学生は、授業の出席簿をごまかすために、一生懸命に「佐久間」とか「小西」とサイン（署名）の真似をしていて、佐久間が一本取られてしまった。

防大七期生のなかでも落合の所属していた海上九班は、とくに悪童が揃っていた。しかし当時の大隊指導教官には、落合だけはまじめな、それでいて逞しい学生として映っていた。その教官、桑江良逢氏（陸士五五期）とは、復帰直後の沖縄で再び出会うことになる。

佐久間も同じ印象だ。七期では、落合はとくに悪いほうではなく、とにかく、桑江さんが言うように明るい、温かい男だったと語る。ちょっとボンボン育ちという感じがしたとも。

落合が防大で六期も先輩にあたる佐久間とこれほどウマが合う関係になったのは、何か特別なきっかけでもあったのだろうか。

落合は、ピンさんには、自分の「暗い過去」を全部知られているから、もう繕わなくていいので、そうなると気楽なものですとトッポイ表情で思わせぶりだ。落合が幹部候補生学校のときは、実習で乗ったフリゲート「さくら」の航海長がピンさんだったし、その後は自衛艦隊司令部、海幕でも二人は一緒だった。

落合は今でも喜寿を超えた佐久間のことを愛称で呼ぶ。佐久間本人の耳に入らないからと、さらにくだけた場面では「佐久間のピン公」とか「ピン閣下」などと、大田中将そっくりのニックネーム付けの名人である。

昔から、佐久間は広く誰からも「ピンさん」と呼ばれていた。佐久間がいないと、皆、大っぴらに呼んでいた。佐久間が退官後、海上自衛隊の記録を調べに海幕を訪れ、一室を借りてこもっていたら、隣室から「おーい、ピンさんはもう帰ったかなあ」と海幕の若手幹部が会話しているのが筒抜けに聞こえてしまった。

ピンさんは現役時代「カミソリ佐久間」の異名を取った頭脳明晰な大幹部であったが、懐が深いので些事には拘泥しない。

第六章　ペルシャ湾へ！　錨は上げたが五里霧中

落合畯率《たおさ》いる六隻の掃海派遣部隊は、最初の寄港地、在比米軍スービック基地でフィリピンを訪問中の海部俊樹総理から電話で激励を受け、トラックいっぱいの果物の差し入れを積み込んでシンガポールへ向かった。

日本マスコミによるあら探し

往路の湾岸までの航路に、日本のマスコミは先回りして行き、掃海部隊のヘマを探していた。「今にきっと、何かをやらかすぞ」という考えで、鵜の目鷹の目であら探しをしていた。その頃、落合は、派遣に対する激しい反対運動のなかを出港したので、いつ戻って来いと東京から命じられるかと思いながら南下していた。

派遣部隊の途中の寄港地について、四月二十四日の閣議決定を受けて、佐久間海幕長は夜九時から記者会見を開いた。

この会見は通常とは違い、六本木の防衛庁二号館にあった海幕長公室で開かれた。防衛庁側が一番困ったのは、「途中の寄港地は、どこか」という質問であった。「外務省と調整中です」と応えると、朝日新聞のベテラン記者・田岡俊次などは「何を言っているんだ。寄港地も決まっていないで出港するなんて、そんな訳のわからないいい加減な作戦があるか！」と食い下がる。しかし、寄港地を公にしてしまったら、テロや妨害工作の標的になりかねない。狙われるかも知れないから、米海軍にも言っていなかった。ともかく「それだけは言えません」と繰り返すしかなかった。会見後の記者対応は夜更けの一時頃まで続いた。

対自衛隊のテロは杞憂ではなかった。実際に、記者会見のあった夜中を過ぎて、明くる早朝、古庄の住んでいた練馬区の自衛隊官舎に小規模テロがあった。過激派が海自の宿舎と間違えて、陸自宿舎内の駐車場の車のタイヤに放火したのだ。川崎の官舎でも同様の事件があった。

出港から約一ヵ月経った五月二十七日、マレーシアとインドネシアの間のマラッカ海峡、インド洋と経て、ホルムズ海峡にさしかかり、アラブ首長国連邦（ＵＡＥ）のドバイに向かうところで、突然オマーン警備隊のヘリが掃海部隊に向かって「日本の掃海艇、左四五度に変針して我が領海内に入れ！」と命じた。落合は一瞬、すわ問題かとヒヤリとしたが、見ると、マスコミがヘリをチャーターして飛んで来ている。日の丸を立てた日本のマスコミであった。「掃海部隊の皆さん、頑張ってください！」と激励の声をかけてくれた。後で聞くと、共同通信がチャーターしたという。

落合にとっては、ありがたくも複雑な気持ちだった。長い自衛官生活のなかで、マスコミから激励を受けたのは、後にも先にもこのとき以外にはなく、びっくりしたのだ。平成三年（一九九一年）のこの時代には、マスコミは自衛隊に対して、一般に、お世辞にも好意的ではなかった。平成二十三年（二〇一一年）の東日本大震災後の救援活動に携わる自衛隊に大多数のマスコミが温かい視線を注ぐのとは、隔世の感がある。

コード・ネームと攻めの広報戦略

機雷掃海作戦には、「湾岸の夜明け作戦」（＝オペレーション・ガルフ・ドーン）とコード・ネームがつけられた。コード・ネームは、隊員たちから広く公募して選ばれた。名付け親は通信幕僚・依光道洋三佐。ゴツイ風貌に隠れた文才に、皆が驚いた。

そもそも、ペルシャ湾での掃海作戦に特別な名前を付け、公表もしようとの考えの仕掛人は、海幕広報室長の古庄幸一一佐（当時）。古庄が元部下の切れ者広報マン土肥修三佐を派遣部隊の広報幕僚として送り込んだ時点で、現地での対機雷戦とは違う、もう一つの「静かな戦い」すなわち広報戦に勝ったと言っても過言ではない。

古庄は、アメリカ人ボブ・ウッドワード著『司令官たち』を引き合いに出して、「広報戦こそが、現代の戦争の結果を左右する」と断言する。

土肥の任務は、邦人等記者たちに部隊の実態を理解してもらい、日本の世論に部隊の活躍を好意的に書いてもらうこと、落合司令の各地での記者会見に同席して万全を期すこと、および部隊内や部隊と留守家族の絆作りのために隊内新聞を発行することである。

部隊内の機関紙は、落合司令の名前を取って「たおさタイムズ」と名付けられ、土肥三佐（文章担当）と神崎三曹（写真担当）のたった二人で創刊号から第一七号まで続けられ、隊員たちに楽しみを与えたり、心配している留守家族に一言メッセージを届ける大切な役目を果たした。

各艦艇から寄せられた資料を基に、部隊の行動や寄港地の紹介、部隊内での様々な出来事に加え、東納医官（内科）の衛生・栄養に関するコラム、これに神崎カメラマンが撮影した折々の写真を載せ、狭い紙面を土肥が巧みに活用している。

土肥は高卒の航空学生出身、ごく優秀で、英語力も確かだし、広報室で記者との付き合いもよくできていた。そういう理由で、古庄はどうしても土肥を掃海派遣部隊に連れて行くようにと人事課に掛け合った。そうして土肥本人の知らないところで話が進んだ。

土肥にとってはラッキーだったかアンラッキーだったか、一夜で人生が変わった。土肥は「なだしお」事故（昭和六三年）後の海難審判対応をした経験から、掃海部隊派遣に当たって広報専任担当官の必要性を熱心に主張していた。しかし、土肥自身はまさか自分がペルシャ湾に行くことになるとは思っていなかった。ヘリのパイロットとしての腕を買われて、航空機の試験評価を行なう花形の第五一航空隊（厚木）へ正式に異動した。その歓迎会の途中で掃海部隊へ派遣決定の急な連絡が入り、歓迎会がすぐさま送別会に変わった。

古庄は、広報専属の幕僚を乗せると決めたとき、彼しかいないと土肥を選んだ。作戦のコード・ネームについては、米軍がよく使っているから、落合群司令に頼んでおいた。実際に決まったネーミングがヒットしたのでよかった。機雷が爆発する「ドーン」という音と「夜明け」の英語ドーン（dawn）を引っ掛けたのが気が利いている。広報「戦」指揮官の作戦が的を射た喜びが、二二年の歳月を経て再び熱く伝わって来る。

落合は、実父大田中将の祥月命日に当たる六月十三日、旗艦「はやせ」艦上で防衛記者会に対する記者会見を行ない、その席上で作戦名「オペレーション・ガルフ・ドーン」を公表した。古庄のシナリオ通りのタイミングであった。

ヘリコプターのない日本部隊

湾岸の現地では、毎月七の付く日に米中東艦隊司令部で派遣国の司令官会議があった。同司令部は、陸上にあるときはバーレーンのマナマ、海上では揚陸工作艦「ラサール」艦上に移る。

米海軍旗艦がバーレーンのミナ・サルマン港にいるので、そこに行くのだが、我が国の派遣部隊にはヘリコプターがないので米軍の飛行機で連れて行ってもらった。落合が、いつも迎えに来てくれる軍曹に感謝の言葉を述べると、相手は、日本が物資協力で提供したトヨタのランドクルーザーを使っているのだから気にするなと言って笑った。ホッとしたようなガッカリしたような感慨を抱いたのは落合だ。

落合は、掃海部隊にヘリがあるメリットは三点あると言う。

◎連絡要員や修理部品の輸送
◎上空から航路上の機雷監視
◎病人の搬送

のちに平成三年十一月一日、落合がヘリコプターがなくて苦労したことを帰国報告の際に海部総理に述べたら、「ときに落合君、君は、どうしてヘリを持っていかなかったのですか」とまったく意表を衝かれることを逆に聞かれてしまい、さすがに回答に窮した。

その場は佐久間統幕議長がうまく答えてくれて、落合は難を逃れた。佐久間はヘリを積んだ護衛艦を何としても部隊に随伴させたかったので、自分も責任を痛感していた。

平成三年春の派遣前夜の実態はどうであったか。

海自部隊がヘリコプターを持って行こうとすれば、補給艦「ときわ」のヘリ甲板にはヘリコプターの着艦はできても整備補給要員はいないから、どうしてもヘリ搭載護衛艦を連れて行かなければならない。それに対して官邸筋の「なるべく軍事色を薄めろ」という政治的配慮が上回ったのだ。

平成三年時点で、日本の首脳部の脳裏にあったのは、護衛艦イコール軍事色という単純な図式であった。古庄は率直に、護衛艦のことは内局が先回りしてストップをかけたのだと指摘する。現地で実際に不便を感じるであろう制服組のことよりも、国のトップである官邸の意を体した形で阿《おもね》ったのだ。派遣部隊幹部たちは内輪で、これでは「裸の艦隊」ではないかと憤慨した。艦艇自身の安全も、盟友の米海軍に多くを頼ることになってしまった。

部隊のネーミング騒動

海部総理は、当時の土井たか子社会党委員長のような人たちの影響を受けていたのかもしれない。出港前の話として、船体を白く塗れ、大砲を外せ、自衛艦旗は帝国海軍の軍艦旗と同じだから別のものを揚げろとか、弾庫を封印しろとかいう奇天烈な指示がどこからともなく流れてきた。

しかし、弾庫は火薬の安全性を確かめるため、毎日開けて温度湿度をチェックしないと危険なのだと説明したら、いつの間にか封印話は立ち消えとなった。

海部総理が派遣部隊を振り回したことは少なくない。

呉水交会の元理事長・森田寧（防大一七期、掃海屋）は、掃海艇派遣を巡る、当時の仰天裏話を語る。

森田は、平成三年当時、横須賀の自衛艦隊司令部で掃海幕僚（二佐）を務めていた。ペルシャ湾への派遣部隊の正式名称は当初、「派遣掃海部隊」だった。しかし、中程に「海部」と文字が続く。これが、海部総理の評判に差し障りがあるとの恐れからか、官邸筋あたりから出港行事の一週間前に「掃海派遣部隊」に全面差し替えせよとの指示が届いた。行事のための書類や配布物などは、すべて丁寧にタイプ打ちしていたので、差し替えするのに余計に手間がかかり、幕僚たちは間に合わせるのに必死だった。

まるで徳川家康の仕組んだ「方広寺・鐘銘事件」のようだが、ゴロ合わせを回避するために、裏方スタッフに多大な負担がかかっていたのだ。

想定外の行動地域

平成三年当時、防衛庁本庁は東京港区の六本木にあった。内局の背広組で派遣部隊の関係業務に汗した人々もいるが、ここでは、同じネイビーとして六本木の海幕の執務室から、ゴールデン・ウィークや夏休みも返上して、前線に出ていった部隊の懸念や労苦を分かち合い、支えた人々に触れる。

当時、海幕装備部武器課弾薬班長を務めていた松本順時《まさとき》元海将補（当時、二佐）は、一般大の理系を卒業した後、古庄と幹部候補生学校同期（幹候二〇期）で、海上自衛隊では数少ない「火工屋《かこうや》」の一人であった。火薬・弾薬などの武器の専門家である。ちょうどこの時期、地味な分野ながら、海自の弾薬行政を一班長が担っていたと表現しても過言ではない。部下のベテランを留学させ、もう一人は急遽ペルシャ湾部隊に差し出し、叩き上げの部下と新人だけの小所帯で難所を闘い抜いたのだ。

六本木の海幕でのハードな勤務が長かった四〇代ですっかり白髪になったと苦笑する松本には、艦乗りとはまた別種の苦労と誇りがある。

部隊が、沖縄、フィリピン、シンガポールと南下するに従って、掃海母艦「はやせ」の弾庫の温度が徐々に上昇しはじめ、ついに規定値（摂氏三八度）を超えてしまった。派遣部隊から電報が発信され、ゴールデン・ウィークの初日の朝、海幕から松本班長に「直ちに出頭せよ」と呼集がかかった。空調設備のない弾庫なのでとりあえず扉を開放して風通しをよくし、上部甲板（ヘリコプター甲板）に海水を撒いて温度を下げるように伝えた。

海幕の内田装備部長は松本以外にも、武器、艦船関係の各班長も招集していた。海上自衛隊の掃海艦艇が赤道近くまで行動することは想定外の出来事だった。内田部長は、「弾薬だけでなく、派遣部隊の装備品すべてについて、使用温度限界を調べよ」と指示した。せっかくペルシャ湾に到着しても搭載機器が使用できなければ意味がない。取扱説明書に温度に関する記述がないものは防衛庁の技術研究本部や製造業者に電話をかけたが、連休のさなかだったので連絡が取れず苦労した。彼らの連休はこの騒動で終わった。

松本のように、休みがつぶれても、派遣部隊を支える誇りがあるから、よい思い出になったと微笑む裏方は多い。

レイト・カマーを歓迎してくれた各国海軍

日本は、レイト・カマー、すなわち遅れては馳せ参じた者であった。派遣が遅れたため、すでに作業中の各国海軍からどのように見られるかビクビクしていたが、それはまったくの杞憂であった。ＯＭＦ（派遣掃海部隊）は、遠い極東から小さな木造船でよく来てくれたと喜んで迎え入れられた。

しかし掃海海域は、他国軍が手をこまねいて残された、最も難しい海域をあてがわれた。

それにもかかわらず、四ヵ月弱の間にＯＭＦは掃海面積一二〇八平方マイル（三一二九平方キロメートル）、処分機雷数三四個という輝かしい実績を残した。

日頃の日米共同掃海訓練の経験は、湾岸での米軍など外国海軍との信頼関係作りに役立った。米軍には、情報の提供から補給、隊員の休養の面でも大変好意的な扱いをしてもらった。

佐久間は、掃海艇を派遣するに当たって不安もあった。

平成二年（一九九〇年）十一月に、海軍制服組のトップ、ケルソー米海軍作戦部長が湾岸危機の最中にもかかわらず、日本を訪問してくれた。佐久間が五月に訪米したときに前任の作戦部長から勧められてケルソーにも会っていたので、その繋がりを大事にしてくれたからだ。

とはいえ、湾岸戦争が始まると米軍はピタッと情報をくれなくなった。当時の駐米大使館の制服アタッシェも情報を取れなくなった。ネイビー・トゥ・ネイビーでは内々に横須賀やハワイ（太平洋艦隊↓在ハワイ海自連絡官）で情報を流してくれることもあったが、湾岸戦争と直接関わっていないので限界があった。

しかし、米海軍は太平洋艦隊のケリー司令官が直々に麾下に指示を出して、日本の部隊に全面的に協力してくれた。他の方法では得がたい、行く先々の気象予報を教えてくれた。本当に奇跡的にほぼ一ヵ月平穏な航海が続けられたので、佐久間は天佑を感じた。

最初のカミワザ・奥田一尉

掃海部隊は、佐久間の表現する「天佑」に恵まれ、現地に到着した。

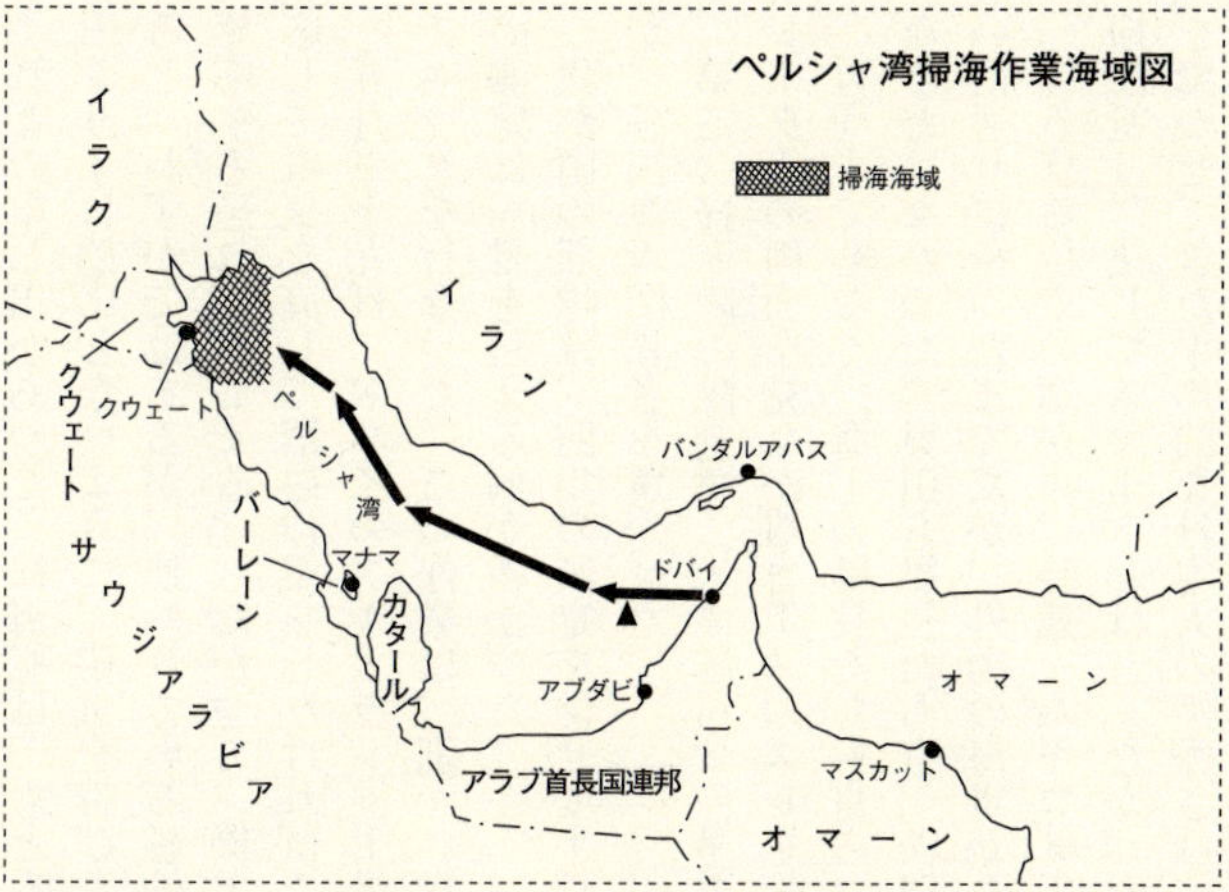

米海軍は、待ってましたとばかり、落合が米中東艦隊司令官テーラー少将に初表敬の折、さっそく、米海軍の幕僚からよく整理された機雷や海域に関するほしかった情報が得られた。

米海軍は、日本のためにファイルしてあった情報書類を渡してくれたが、これには、水深、潮、海底の状況、どんな種類の機雷が入っていて、どういう掃海をするのが最もよいかなど、いわゆる掃海に関することをはじめ、日本部隊がまさにほしいと思っていた情報が全部まとめて入っていた。落合たち幹部は、こんなに何でも教えてもらえたならば、やれるぞと気合いと自信が入った。

欧州諸国も同じように日本の部隊に常に協力的だった。他のNATO諸国海軍からもイラクが使った機雷の内容について、大変貴重な情報を得られた。

英海軍からは、磁気測定機材を無償で使ってくれとの申し出があった。掃海艇は、もともと、金属に反応して爆発する感応式機雷の磁気センサーに感応しないように、磁気を帯びない木造船であるが、長時間同じ方向に走っていると、わずかではあるが、使われている磁性金属が地磁気の影響で磁化してしまい、機雷に感応する恐れが出てくる。したがって、機雷海域に入る前に、磁気チェックをして、必要に応じて電気を流して消磁作業をしなければならない。

五月二十九日、ドバイのアル・ラシッド港で、英海軍の機材を使って、掃海艇四隻の磁気チェックを行なった。この作業は、細かい操船の動作が必要なので、他国海軍は通常、一隻の測定に一日を超える例が多かった。

我が国の部隊は、四隻の測定を併せて半日で済ませたので、部隊の優秀さや高い操船能力が、各国海軍関係者を驚かせた。

第二〇掃海隊の隊勤務（木津隊司令の幕僚）であった奥田宗光一尉が磁気測定所にいて、レーダーの画面を見ながらコースのズレを教えた。その誘導がよかった。

言うまでもなく、海上の艇長たちも自らコースを確かめながら走ったので、やり直すようなことはなかった。奥田も艇長たちも、淡路島東岸の仮屋にある磁気測定所でいつもやっていた通りにやったままでだが、外国の海軍からすれば驚きだった。

はるばる極東の端から、時速一八キロメートルでカルガモ行進をしてきた日本国の木造の掃海艇は、決してスマートとは言えなかっただろう。しかし、江戸末期の開国以来、諸外国を驚かせてきた平均的な日本人の優秀さは、日頃の訓練の成果を遺憾なく発揮して、嫉妬ではなく賞賛を浴びた。

奥田一尉のカミワザ披露は、ヒノマル掃海部隊の大活躍の露払いであった。

後方三勇士――現地連絡支援要員

五一一人の隊員を現地で支えるため、三人の現地連絡要員が平成三年五月から派遣されていた。掃海運用の河村雅美二佐（掃海専門家）、経理補給の寺田康雄二佐、そして政策・法令アドバイザーとなる田中聡内局運用課部員（当時）である。

河村二佐はテーラー少将の信任も厚く、米海軍等との作戦調整を担い、まさに、掃海部隊運用を円滑に進めるために必要不可欠であった。外国海軍のヘリに何回も乗せてもらい、何度となく不時着寸前の目に遭ったようだが、一切何も言わず、任務を果たした。

寺田二佐は、当時はまだ珍しかったトランシーバー型の携帯電話を片手に、補給支援業務（燃料、食材の調達から隊員休養用施設・設備借上げ）を一人でこなした。部隊派遣決定直後、川崎市内にある官舎で車が過激派の焼き討ちに遭ったが、心配して声を掛けた佐久間に、「まったく支障ないです」とニコニコ笑っていたという。淡々と出発していった。

特筆すべきは、通常は制服組から敬遠されがちな内局の若手・田中部員（当時）の評判のよさである。エピソードにも事欠かない。

落合が、隊員と現地連絡要員全員の留守宅に暑中見舞いを書いたら、田中のお母さんから「指揮官さんのおかげで、うちの息子がペルシャ湾に行っていたと、初めて知りました」とのお返事があり、落合は仰天した。

平成二十五年現在の田中本人は、任務先を他言しないことは、ミリタリー・パーソネルとして当然のことであり、こうしたエピソードが残るのは、本人として誇りでもあると淡々と語る。

田中の役割は、本人曰く、防衛庁中央（とくに内局）と現地の部隊、および大使館の間にあって、いわば潤滑油となることだった。

これは、制服自衛官でも外交官でもなく、防衛庁内局の人間だったからこそ、担えたものと自負していた。さらに、田中は、部隊との関係では、やはり、目に見える形で支援することで、幅広い信頼関係が構築されると感じていた。そこで、レンタカーで部隊幹部を表敬先や観光地に案内・通訳したり、コーヒー用のスティックシュガーやミルクなどの調達など細かい消耗品も請け負った。

落合は田中を、部隊を支援してくれた「戦友」だと感謝する。佐久間も、三勇士は陰の戦いを本当によくやってくれたと賞賛を惜しまない。

現地と中央の狭間で

佐久間は碇義朗氏の著書『ペルシャ湾の軍艦旗』に序文を寄せて、落合には「現地における任務遂行と中央との連絡調整の狭間に置かれた苦労」があったと書いている。

落合が初めて語る秘話。

落合は、七月に佐久間が現地視察に来たとき、サシで長時間にわたり苦情を含めての話を聞いてもらった。ペルシャ湾の現地で、指揮官トゥ指揮官（例えば、落合群司令対各艇長）で決めていけばよいはずなのに、東京の海幕の高級幹部あたりが、何だかんだと質問や指示のために連絡をして来たのだ。落合は、外野が煩《うるさ》くて困っていた。

当時、海幕と現地ペルシャ湾との通信手段としては、海事衛星インマルサット電話しかなく、「はやせ」のメインマストと「ときわ」に電話機を置いていた。ところが、このインマルサットには、覆域外の死角となる地帯があった。このことに気づいてから、落合は、厄介な問い合わせが来ると、「三五〇度にヨーソロー」などと死角の方角へ艦を走らせて会話を打ちきってしまう手をたびたび使った。とばっちりで、離れた場所を航行している補給艦「ときわ」に海幕から電話が入って、「はやせ」へ伝言しろと命じられたこともあった。

海幕からの小煩い指図の一つで印象的だったのは、五月二十七日にドバイのアル・ラシッド港に入港した直後、あわただしく緊張しているときに、現地連絡要員の田中から、中山太郎外務大臣がイランからエジプトへの移動の途次ドバイに来られるのだが、港に来られる時間はないから、外相に会いに空港へ行ってくれないかという話があったことだ。一応、東京の海幕にその件を伝えると、海幕は「防衛庁長官も視察に行かれていないのに、余所の大臣に会うとは、何事か！」と叱ってきた。

落合は、外交と防衛は国にとって表裏一体の大事であると思う者として、まことに、省益あって国益なしだと感じた。

佐久間としては、呼びつけるとは何事かという気持ちはあったのだが、今後、外務省や現地大使館にお世話になる立場上、外務省とはここで喧嘩をしたくなかったので、そこは海幕として受けることとした。

平成二十三年五月時点での、イラン航空のフライトスケジュールを参考にする。二〇年前と同様テヘランからカイロへは直行便がないので、近隣のいずれかの空港を乗り継ぐ必要がある。平成三年当時の中山外相も、イラン訪問を終え、次の訪問国エジプトに移動するに当たり、テヘラン空港↓ドバイ空港↓カイロ空港と乗り継いだろう。

平成二十三年のスケジュールによると、テヘラン発の便はドバイ着が〇七四五であり、（乗り換え便待ちで）一五一〇にドバイ発カイロ行き（カイロ着一七〇〇）が飛ぶ。

外相は平成三年五月二十九日一七〇〇にカイロ空港に到着したと当時の讀賣新聞は伝えているから、同様のフライトスケジュールであったろう。七時間以上もの待ち時間があって、なお、港には赴かなかったのである。

ドバイ空港の、きらめくシャンデリアや純金の家具調度でゴージャスな雰囲気のＶＩＰルームにおいて、落合群司令以下全一〇名の幕僚たちは、どんな思いだったか。落合の個人日誌は、ただＵＡＥという国の富裕さに感歎し、純金の赤みを帯びた煌《きら》めきのなか、嵐のようにやってきて皆の手を握り、アッと言う間にまた機上の人となった外相がいたと記すだけである。

海幕、とくに防衛部は内局や官邸から、始終どうなっているかと問い合わせに応じなければならない立場上のこともあって、現地宛にインマルサット電話をかけまくっていた。それに対して、落合司令の乗った掃海母艦「はやせ」は、針路を変えて通信の死角に逃げ込んだ。そういう裏話は日本の関係者にすぐに広まっていた。

古庄の考えでは、海軍の作戦（オペレーション）は現場が臨機応変に対処できるよう任せないとできない。まさに風や潮といった大自然の状況は現場でしかわからないことが多いからだ。

海幕と比べ、掃海派遣部隊の直接の上級司令部である自衛艦隊司令部は、現場への介入はギリギリ自制していた。実際、掃海派遣部隊の上級指揮官である自衛艦隊司令官（派遣当時は小西海将、七月から伊藤海将に交代）は、「落合が言ってくるまで、こちらからは電話をするな」と部下たちに言っていた。

佐久間によると、村中防衛部長は、五月に事前調査団を率いて現地を見ているから、よく知っているんだという気持ちがあったようだ。村中部長が現地の誰かと個人的に相性が悪いということではなかった。

防衛部長が頻繁に「はやせ」に電話したことは、内局や官邸への対応上必要があったという面と、村中部長自身の細かい性格との両面があったと佐久間は語る。

落合が、この任務を受けるとき、「何かあったときは、じかに電話をしますから」と佐久間に条件を出したのは、幕僚が間に入って話が複雑になることを予期したのだろう。

落合が自分からはインマルサット電話をあまりかけたがらなかったのは、衛星電話はひどく通信費がかさむので、後で海幕に通信費の請求が来るからということもあった。また、落合は、ペルシャ湾にＥＯＤが潜って、皆が息を殺しているときに、海幕からインマルサットで電話がかかってザワザワしたら、迷惑だという気持ちでもあった。

第七章　掃海隊総員、大奮戦

ペルシャ湾の空と海の色

ペルシャ湾の空は、一日中曇天のような花曇りで、毎日それが続く。湾岸戦争のときに、イラクは油井（油田において原油を採掘するために使う井戸）三〇〇ヵ所に火を放った。戦後数ヵ月経っても油井はまだ燃え続け、煤煙を排出して空を汚していた。隊員たちは、ペルシャ湾滞留中、日の出と日の入りを一度も見られなかった。「はやせ」乗員の一尉は、「ペルシャ湾に沈む太陽は、砂塵に、煤煙に、月のように白く悲しげです」と綴っている。

だが、落合畯《たおさ》が目にしたペルシャ湾の海は、油でどす黒く汚れた海だったのではない。大気状況が悪かったので、ペルシャ湾の海の波は決してコバルト・ブルーでも群青でもなかったけれども、水質もよく、澄んだ美しい海だった。

湾岸戦争の際、イラクが、後のナホトカ号事故（平成九年〈一九九七年〉、日本海でタンカーが座礁して原油の流れた事故）の二五〇倍もの原油、一〇〇〇万バーレルを流した。しかし、海の浄化力というのは凄く、海面がきれいになっていた。魚影もよく見えて、掃海部隊隊員たちも太公望を決め込んだ。クエなどの旨い魚が釣れた。ある士長が長さ一メートル、重さ二五キログラムの大物のクエを釣り上げ、翌日の昼食で皆の「クエ鍋」になった。

出港時の搭載物件と不思議な物品要求

掃海部隊は軍事力行使が目的でもなく、また、戦闘はとっくに停止していたが、彼らは機雷との戦いに向かう「武士《もののふ》」であり、身命の危険をまったく度外視するわけにはいかなかった。対機雷戦として派遣されて行ったのだから、「掃海屋」の現実的な視点からは、掃海艇四隻のうち一隻は触雷すると考えられていた。その場合は乗員から死傷者が出るなどの被害が生ずるという万一の事態を想定し、海幕は棺用の白木を積めと指示して積ませて行った。

派遣決定から出港まではあわただしかった。準備期間が極めて短いので、物品は急いで箱に入れてフネに乗せた。現地で梱包を開けてみると、掃海部隊に縁もゆかりもないチェーンソーが出てきたりした。

逆に、現地へ着いてから、至急送れという要求が東京の海幕に対していろいろあった。何と言っても東京のスタッフにとって趣旨不明だったのが、「蝿叩き」と「蝿取り紙」という代物。古庄は、現地に記者団を連れて行ったときに蝿の実物に出くわして初めて実感できた。大きな蝿が、水分を求めて人間の目元や口をめがけてぶつかってくる。

たかが蝿だと馬鹿にできない。

蠅たたきを手に艦橋で作業を見守る落合

ペルシャ湾の蠅は大型で、文字どおり五月蠅《うるさ》いばかりでなく、派遣部隊の医官によれば刺されると皮膚病のおそれもあり、また、食中毒の原因ともなり得る。東京の調達担当者は、かつては町中で見かけた、あの魚屋の店先にぶら下がっている蠅取り紙の調達に、大変苦労をした。艦内のいたる所にぶら下げた蠅取り紙は、蠅でたちまち真っ黒になり、相当の威力を発揮した。

ある日、落合は「はやせ」で艦橋の群司令席に腰掛け、掃海艇の作業状況を見守りながら、アタックしてくるうるさい蠅を何気なしに蠅叩きで追い払っていた。そのとき、艦橋当直員の一人が突然、「ハイ、時間。この一時間内の群司令の蠅撃墜数、二四匹！」と叫んだことがあった。

現場重視の指揮官は、蠅叩きも「率先主義」だ。隊員たちを悩ませた生物として、蠅や蚊以外にも恐怖の生物がいた。錨地では海蛇が泳ぎ、毒クラゲは胴体と足が分離し所狭しと海面にトコロテンを張り詰めたように漂っていた。だが、海蛇も蚊もクラゲも七月上旬には姿を消してしまった。季節風の向きが変わったからだと言われた。

「敵」の発見まで

六月初旬からのペルシャ湾での行動で、各艦艇は常時機雷警戒の特別態勢を敷いていた。「はやせ」も艦首、上部指揮所などの見張りを増員し、浮流機雷の監視態勢を敷いた。見張りに付く隊員も、日本近海での行動時とは緊張度も異なり、その真剣さは言葉では表現できない。各艦艇の見張りが、逐一「不審物発見！」とか「機雷発見！」とか「機雷らしき物、発見」とかの報告を何度も繰り返している。

皆一斉に報告の方向に双眼鏡を向けると、確かに黒光りした大きな物が浮いている。さらに目を凝らしてよく見ると……大きな黒いウミガメだった。あるときは体長四～五メートルもある鮫だった。また、丸くて黒くて光っているものを発見して近づいてみたら、タイヤだった。敵を一個たりとも見逃さないという凄まじい執念の戦いである。

「機雷もどき」ですら見逃さないように緊張していたお陰で事故はなかったが、流れものの係維機雷にでも触雷したら、隊員に死傷者が出ていたろうと、落合は証言する。

部隊の隊員たちも、六月五日の作業開始以来一〇日以上、実機雷を発見しないでいると、正直、帰国後の国内世論の逆風が気になった。テレビ朝日「ニュース・ステーション」のキャスター久米宏は部隊が出発したとき、「いまさら現地へ行って、いったい何個の機雷が取れるのでしょうね」といくつ機雷を処分するかだけに着目するナンセンスなコメントをお茶の間に流していた。

出港後も、「いまさら行っても機雷は残っていない」式の報道は続いた。五月三日付朝日新聞朝刊は、「クウェート沖各国が『掃海合戦』」「二、三週間で終了の見方も」との見出しのAP電を記事にしている。

普段温厚な落合も、「賤ヶ岳の七本槍」ではあるまいし、敵（機雷）の数が多ければよいなどという安易な発想で的はずれな批判を受けたのは心外だと立腹した。機雷が「ない」すなわち安全な海域部分であることの確認作業も同じく大切である。また、機雷処理が進むほど、残ったものは厄介な場所、掃海が難しい場所にあるということだったのだ。

邦人記者団、ペルシャ湾へ

海幕広報室は、防衛記者クラブから「現地はどうなっているんだ、もう待ちきれないぞ」と強い突き上げを受けた。掃海派遣部隊が任務についてわずか一週間後の六月十日、古庄広報室長は記者を連れ、東京を発って現地に向かった。現地で合流した雑誌記者をも含めて総勢三一名。記者団長は日本テレビの池田さん。

翌十一日にドバイのアル・ラシッド港で補給艦「ときわ」に乗り込み、掃海作業の行なわれている海域へ向かった。五〇〇海里という東京—大阪間に相当する航海をして、掃海母艦「はやせ」と一二日に合流。このとき、「はやせ」の落合から、「トオイトコロゴクロウサマヨクイラッシャイマシタサイカイヲタノシミニシテオリマシタ」というメッセージが発光信号で送られてきた。

「ときわ」から見た掃海部隊（古庄広報室長のスケッチ帖から）

時に、六月十二日一四〇五《ひとよんまるご》。

落合は、平成三年六月十三日、すなわち実父・大田實中将の祥月命日に、古庄が引率してきた三一名のマスコミ陣を前にして、どうしたら現場の厳しさをわかってもらえるのかと悩んだ。思案の末、現地の高温多湿、砂塵と煤煙の中を、記者にも隊員と同じように長袖の作業服、鉄ヘルメット、ゴーグルにカポック式救命胴衣（ライフジャケット）を一揃い着用してもらうことにした。

「早く掃海艇に乗せてほしい！　何の顔《かんばせ》あって、俺たちはここまで来ているのか！」とカッカしている記者団に、掃海艇の艇長の指示によく従うことを条件にようやく乗せた。

記者たちも着用したというカポック式救命胴衣は灰色で、真冬の半纏《はんてん》のようにじつにモコモコした分厚い造りだ。また、ヘルメットは現在は鉄製から合成樹脂製に変わり、以前より軽くなったとはいうが、それでも素人がかぶると重くて暑苦しい代物である。

取材陣は「あわしま」に乗艇。他の三隻が掃海作業を実施している海域近辺で、取材活動を約二時間にわたって実施し、部隊の実情と隊員の活躍ぶりを取材した。

記者たちは、皆一様に「大変ですね」を連発した。

しかし記者たちは、どうして機雷が爆発する場面が撮れないんだ、準備ができていたから俺たちを連れてきたんじゃないのかと詰め寄った。

古庄は団長の池田さんからかなり厳しく追及された。結局、記者団が帰ってから数日後の六月十九日に最初の機雷処分に成功したので、一週間来るのが早過ぎたのだ、記者が急《せ》かしすぎたということなのだろう。

好意的な報道へ

六月十六日にドバイを離れる際、記者団長の池田さんは、「大変お世話になりました。立派な成果を上げ、皆さん元気で帰国してください。隊員の皆さんによろしく伝えてください」と激励してくれた。

マスコミの現地取材のお陰で、日本国内での報道が好意的になった。

記者団に現地の厳しさを身体でわかってもらえたので、政府の決定の是非は別として、「現地の隊員は劣悪な環境下でよく頑張っている」と国内の新聞記事の論調が好意的に変わっていった。その記事を読んだ留守家族は「ああ、お父ちゃんたちは、こんなに元気で頑張っている」と安心してくれ、部隊が同じ記事をすでに東京からのＦＡＸで読んでいるのを知らずに、切り抜きを手紙に同封してはるばるペルシャ湾に送ってきてくれた。留守を守る家族と隊員たちの絆がさらに強まった。報道により、留守家族が安心するようになった。

朝日新聞の六月十六日付朝刊には次のような見出しが踊る。

「『湾岸の夜明け』へ根気強く」「自衛隊の掃海部隊に同乗」「炎天下、重装備で作業」「任務に誇り、心の支え」

さらに本文には「作業を順調に続けている」と。谷田邦一記者の署名入りである。一発も爆破していない時期なのに、気配りが感じられる。

讀賣新聞の六月二十二日付（東京版）夕刊二面には多くの写真付きで「息抜けぬ掃海部隊不便な船上生活に耐え」と特集が組んである。記者は、「今回の作戦名は『オペレーション・ガルフ・ドーン』。平和・安全の意味を込めた『ドーン（夜明け）』が来るまで、部隊の作業はまだまだ続く」と書いている。

心ある国民からの激励も増えた。

日本からペルシャ湾までの約一万三〇〇〇キロの長距離を飛んできた千羽鶴は二万羽に達した。

「ペルシャ湾のオジチャン、ガンバッテ」という小学校二年生の少年をはじめ、老若男女、多くの人たちから、約五〇〇〇通におよぶ便りが届いた。これらは、「ときわ」艦内に掲示された。戦中派の佐久間が子ども時代以来何十年ぶりかに懐かしく見た、多数の「慰問袋」も国民から届けられていた。

初めてのドッカーン！

六月十九日午前十時一分に、初めての機雷処分が実現した。日本掃海派遣部隊の初の機雷処分は、なんと作業開始から二週間目のことである。

落合群司令以下五一一名の掃海部隊が待ちに待った瞬間である。そして掃海部隊の活躍を心から応援していてくれた国民や、言うまでもなく、政府首脳や佐久間海幕長以下海上自衛隊員、また全自衛隊員が待ち望んだときである。そのときの状況を部隊内新聞「たおさタイムズ」は左記のように克明に伝えている（第九号、平成三年六月二十日発行）。

「機雷掃海作業開始以来、約二週間、掃海を続けてきた派遣部隊は、六月十九日早朝から機雷掃討に入った。当日は、〇六五三（＝午前六時五十三分）に各艇が抜錨《ばつびょう》し、指定海域に向かった。〇七一八から各艇は掃討作業を開始。ソーナーを使用して念入りに海中を捜索する。〇七三八『ひこしま』のソーナーが海底に潜む金属物体を探知。早速、潜水員による確認のため、設標。〇八一〇処分士末永三尉と潜水員坂本一曹が潜水作業を行い、目標が機雷であることを確認した。第一四掃海隊司令森田二佐は水中処分具S－4による処分を決意。処分用爆雷を搭載したS－4が海中の機雷に向け発進した。〇九一〇、付近の航行船舶に対する爆発による危険回避のため、無線による警報が発せられた。〇九三一、S－4から機雷の近くに処分用爆雷が投下され、『ひこしま』はS－4を揚収、安全な位置に移動した。

一方、掃海母艦『はやせ』の司令部CIC区画では、派遣部隊指揮官と幕僚が、時々刻々と変化する状況に対し指示を下し、部隊の作業は円滑に進められた。爆破予定時刻数分前からは、皆一様に処分の成功を期待し無口になる。『ひこしま』から『発火〇〇分前』と順次報告され、一〇秒前からは艦内の各所から乗員が見守り、歴史的な瞬間を待つ。一〇〇一（＝午前十時一分）に『ひこしま』から『発火』の号令があって、やや暫くすると付近一帯に大きな爆発音二回と振動があり、船体を揺さぶる。一呼吸して、艦内から歓声が上がった。『ひこしま』艇長新野三佐から『発火成功』と報告された。東寄りの風一メートル、視程五キロメートル、煤煙、最高気温四〇度。風弱く蒸し暑いペルシャ湾の一日であったが、五一一名の隊員にとっては、一生忘れられない、心地よい一日であった」

新野「ひこしま」艇長の言葉。

「秒読みが始まって予定の一〇時〇一分、水中から二度の爆発音が伝わり、海面が泡立った。スローモーションビデオでみるように、ゆっくりと水柱が上がってきた。高さ、幅とも約五〇メートルに達した。高くて形もいい。見事な水柱だった」（『「湾岸の夜明け」作戦全記録』）

初処分の感激は大きかった。当時のビデオ映像を見た佐久間は、それまで緊張しきっていた面持ちの森田隊司令が、最初の爆破処理の夜に、いかにも晴ればれとしたよい顔で写っているのに気づいた。

最初の獲物は、ソ連製の沈底機雷ＵＤＭであった。

落合指揮官から、歓喜勇躍する全隊員に対し、次のメッセージが発出された。「平成三年六月十九日一〇〇一ｃ（現地時間）は、海上自衛隊にとって『歴史的な時刻』となった。総員の心に深く刻まれたものと思う。

我々の任務は今、まさに花開く糸口を掴んだ。各員の一層の奮励と努力を期待する」

ところで機雷の形と大きさはどのようなものか。

現在（平成二十五年）の掃海母艦「うらが」に積んでいる訓練用の機雷でいうと、沈底機雷の一つは、「抱き枕」のような長目の円筒形の形と大きさ。長さは一三〇センチくらい、直径は約三〇センチくらいといったところか。重さは二五〇～三〇〇キロの由。

もう一種類の沈底機雷は、悪名高きイタリア製のＭＡＮＴＡ（マンタ）。ペルシャ湾で日本のＯＭＦ（派遣掃海部隊）を悩ませた。大人の腕で一抱えもある巨大な「プリン型」の形をしている。

係維機雷の本体は、巨大な球体である。黒色の箱形の錘《おもり》が海底に沈み、機雷缶と呼ぶ本体の球が海中に漂うことになる。球の大きさは、「幼稚園児が運動会の玉転がしで使う玉」のイメージ。直径約一メートル。

なお、係維機雷の機雷缶は世界的にだいたいが球体である。落合部隊が処分した一七個の係維機雷はすべてソ連製のＬＵＧＭ（ルグム）一四五であるが、この機雷の形態は、端午の節句のチマキのような形をしている。

機雷の処理は、爆破するだけではない。機雷の実態を後でよく調べたいときは、信管（発火装置）だけを無力化してからバルーンを取り付けて水面まで浮上させる。それからＥＯＤ（水中処分員）が作業艇に載せて掃海艇まで運ぶ。数百キログラムもある機雷を扱うにはバルーンの浮力が不可欠だ。

「あわしま」の敢闘賞

「ひこしま」が最初の機雷を爆破処理して以来、「ゆりしま」「さくしま」が次々に成果を上げるなか、なかなか機雷に巡り会えなかった「あわしま」桂艇長以下の乗員は辛いプレッシャーに耐えた。そして六月二十五日、ついにめでたく初の機雷処理に見事成功し、感涙にむせんだ。

この間の桂「あわしま」艇長の心境は大変であった。針のむしろに座らされた気分で、永久に機雷処分実績ゼロかも知れないという疑心暗鬼、強迫観念に襲われた。

掃海作業の指揮は、第二〇掃海隊の艇も含めて第一四掃海隊の森田司令が執っていて、最初の海域の第７機雷危険区域（ＭＤＡ７）では艇長の経験の浅い「あわしま」に機雷の入っているおそれが少ない一番北側を割り当てたということもあるのだが。

東京の海幕防衛部では、「桂は艇長の経験がないから、結果が出ないんじゃないか」という声はあった。

隊員の士気の維持にしても、桂は、艇長の自分は何もできなかったと言う。部下の隊員たちは、やる気満々で「処分をして、脚光を浴びてやろう！」という気持ちで来ているから、「勝手に頑張った」と。桂は部下の足を引っ張らないのが精一杯だった。

艇長は作業の号令をかけなければならない。慣れていないからボードに号令の詳細を書いてそれを見ながらかけるのだが、号令のタイミングが微妙にずれると、掃海員長から「部下たちを殺す気かぁ！」と怒声が飛ぶ。しかし統率上、桂は指揮官なので、部下に簡単に謝るわけにはいかず、虚勢も必要であり、「わかった、悪いところは直すから」と言っていた。「あわしま」だけがなかなか機雷を発見できなかったとき、青山ＥＯＤは、他の艇が処分した凱旋報告を聞くと、気分が暗くなった。ＥＯＤは「機雷を処分する」使命を果たしたい一心だった。掃海艇が錨地に戻って来て「はやせ」上から藤田掃海幕僚が「さくしま、一発、おめでとう！」と大声で発表しているのを聞くと、悔しい気持ちで、士気も上がらなかった。

六月二十五日、「あわしま」ＥＯＤたちは苦労の末に一個目を見つけた。ソーナーで所在を探知してマスターダイバーの柳沢一曹と青山が潜った。ただ、係維機雷か沈底機雷かがわからなかったので、油断がならない。結果的に、索が切れて底に沈んだ係維機雷だとわかってＥＯＤたちは安心した。沈底機雷には音響と磁気とその二種の複合とがあるが、近づいて処分するのが危険なのだ。

スロー・スターターだった「あわしま」も十二分の実績を出した。

ＯＭＦ全体での最終処分機雷数三四個のうち、「あわしま」のマイン・スコアは八個。内訳は、係維機雷五個と沈底機雷三個だった。

安全か効率か——指揮官の苦悩

落合は、日本を出るときに、ディレクティヴＡ、すなわち時間はかかっても掃海艇と人命の安全を優先する方針を防衛庁長官名で指令されていた。これに対しディレクティヴＢだと、ある程度リスクを背負っても早く行なうことを優先することになる。

このため落合は、ＥＯＤ（水中処分員）の潜水作業について、特別に群司令たる自分が許可しなければできないようにと決めていた。できればリスクを避けて、人手を煩わせず爆破処理したかったからだ。

しかし、現地に行ったら、日本の掃海艇だけが、「水中テレビカメラ」の付いていない遅れたものだった。派遣された九ヵ国・四〇隻からの情報が毎日集められる。そのうち、日本から上がってくる情報だけが、「最も機雷っぽいものが……」（mine-like 機雷様のもの）となっている。これでは、あとどれだけ機雷を始末したら安全な海になるか見通しが立たなくて話にならないので、苦悩したあげく、落合は命令を変更した。

ソーナーで探知したものを、ＥＯＤが潜って目視確認して、爆雷をつけて爆破することにした。

隊司令の森田は落合に「ＥＯＤを潜らせるためには、基準をディレクティヴＢに変えてくれないと説得できない」とずいぶん申し入れたが、上からの方針であるディレクティヴＡの変更は無理だった。

森田はそこで、現場の指揮官として、いかにしてダイバーに安心して潜らせようかと腐心した。ギリギリまでフネを機雷のある場所に近づけ、磁気と音波の影響を、ダイバーが与えうる影響より強いものを二〇回くらい与えて、問題ないことを確認した。そうして、ＥＯＤに「大丈夫だ、見えるところまで見てこい」と言って納得のうえで作業させた。

最終的に現地で爆破した三四個の内、八五パーセントに当たる二九個は人間、つまりＥＯＤが水中で処分したものである。

掃海艇には、機雷を爆破するための二〇ミリ機関砲を積んでいるが、掃海艇も機雷も共に波間に揺れているので、係維機雷に当てるのは難しく、下手に当たるとそこから水が入って爆発しないままに沈んでしまい、それが一番困ることになる。だから、水中処分員が潜ってタイマーを掛けて、爆破することにした。

落合部隊の二五人のＥＯＤは、全員が実際に危険の伴う爆破作業に従事した。曹士だけでなく尉官クラスも「通常業務として」潜水作業を自ら行なう。「幹部先頭」でまず確認潜水に出かけていく。幹部が率先するという立場がわかっているから、曹士隊員が従っていけるのである。

落合は、実際に危険を冒して機雷を処分した水中処分隊を最大限に賞賛する。

水中テレビを装備していない掃海派遣部隊では、水中処分員（ＥＯＤ）の眼による視認に頼らざるを得ない。機雷探知機で探知した目標が確実に機雷であることを確認し、その機雷の種類を判別し、発火機構やセンサーの特徴を掴み、敷設されている状態、海底への埋没状況などを把握することは、機雷を安全確実に処分するためには不可欠な情報なのだ。

ＥＯＤとは Explosive Ordnance Disposal のことで、直訳すると「爆発性兵器処理」となる。しかし、我が国の海上自衛隊がＥＯＤと言うときには、機雷を探知・処理するために潜る「水中処分員」を指す。

海自の掃海マンがＥＯＤ資格を取得するためには、江田島の第一術科学校で、まず「専修科開式スクーバ課程」を約七週間経て、次に特修科潜水課程を約一四週間行なう。そこでＥＯＤか潜水艦救難艦に乗る深海ダイバーに分かれる。ＥＯＤは専修科水中処分課程を約一二週間受ける。

ＥＯＤの活躍

四月二十九日、奄美大島の笠利湾における落合司令訓示では「安全最優先」(ディレクティブA)だったのに、現場で作業が始まると、結局はＥＯＤの危険負担の高い作業形態を取らざるを得なかった。「ひこしま」では、森田隊司令まで交えていろいろ深刻なやりとりがあった。

派遣部隊として最初の一発を処分した「ひこしま」のＥＯＤ二人は、作業の前の晩は眠れなかった。

桂の「あわしま」ではＥＯＤの富永一尉は、「やります、当然でしょう」と言ったが、桂も他のＥＯＤ各人の気持ちを確認したわけではない。しかし、ＥＯＤが作業を拒否することは、彼らの経験や能力を全否定することになるから、危険を伴う作業命令を拒否しなかったのだ。

桂から危険度の高い作業になるとの説明があった場面には、富永ＥＯＤやマスターダイバー柳沢と共に、青山もいた。青山は潜るのはためらいはなかった。潜らないとわからないことが多いからだ。

目標に対して、ＥＯＤは機雷のセンサーの陰となる範囲を巧みに活用し、海底を這うようにして潜行近接する。細心の注意を払って調査・確認する。その後、再び潜行し爆破処分するために機雷に爆薬、雷管、導火線等を装着した後、海面に浮上し、処分艇に上がり、安全な距離まで離れた後、遠隔爆破装置によって爆破処分する。

六月十九日の初処分以降、一件の事故もなく、安全かつ的確に機雷処分が実施できたのは、ＥＯＤの強い責任感と、高度の技術力と、勇猛果敢迅速な実行力に負うところが極めて大だ。

オアシス「ときわ」の地味な戦い

補給艦「ときわ」はクウェート沖で掃海作業を続行中の「はやせ」と四隻の掃海艇に食料や真水などを補給をするために、掃海作業中の海域と、そこから南に約五〇〇海里（約九二〇キロメートル）離れた補給基地ドバイとの間を何度となく往復した。ドバイの補給支援能力に不足はなかったが、掃海作業の現場との距離の点では、もっと近くにあるバーレーンのミナ・サルマン基地を使えることが望ましかった。しかしそこは掃海部隊を派遣した各国海軍の艦艇がすでに使用していたため、係留岸壁の確保が困難であった。

掃海部隊のオアシスとなった補給艦「ときわ」の艦長は両角《もろずみ》良彦一佐。

佐久間は過去に総監部やフネでの勤務が同じだったことがあり、両角の人物をよく知っていた。両角は幹部候補生学校の期では落合より一つ上だが、掃海部隊では落合の部下である。

周りで気にした人もいたが、両角本人はまったく気にせず掃海部隊のために尽くした。

両角夫人は、後に佐久間夫人に、主人があれほど生き生きと充実して、張り切った姿勢を見たことがないので、何も言わないで送り出したと言った。

「ときわ」は両角艦長自らが「掃海艇を全面的に支援していく」と指示出しをしたので、掃海艇乗員に対して「お疲れさま！」というサービス精神を出し続け、若い乗員たちから人気があった。

両角艦長が、最も重要視し気を遣ったのは「真水」の補給だった。掃海艇に補給した水が枯渇する前に補給港で水を積み、届けなければならなかった。

当時のペルシャ湾には、係維索が切れて海面に上がった機雷缶が流れており、航行は危険であった。これに備えて、「ときわ」は両角艦長の判断で、行きの航路、フィリピンのスービック海軍基地出港からペルシャ湾まで、海に漂う流木を機雷に見立て、機雷を発見した場合にこれを避けて航行する訓練、そして不幸にして触雷した際の防火・防水訓練を繰り返し行なった。

浮流機雷の漂う危険な海を、掃海部隊を支えるため、「ときわ」は艦首に見張員を三人配置し、警戒航海を続けた。触雷すれば、被害は甚大である。通常、見張りは若い隊員の仕事であるが、このときは、各分隊の先任海曹などのベテラン隊員たちが危険な役割を自ら買って出た。

「若い者は、少なくとも俺たちよりも長生きする権利がある。俺たちが立とう」と言うのである。ベテランたちの率先垂範が、部隊の士気を大いに高揚させた。若者は、こうした先輩たちの背中を見ながら成長していく。

手紙は、派遣隊員たちと本国の家族との距離を短縮してくれる唯一の手段だった。平成三年夏に補給艦内に設けられた「ときわ郵便局」は、日本からの激励や温かいメッセージを取り次ぐことで、男たちの士気や活力を維持した。

「ときわ郵便局」の取り扱った日本宛て郵便数は、計一万五〇〇〇件。受け入れた故国からの手紙は約一万六〇〇〇通、うち一般国民からの激励が五〇〇〇通である。

海の男と酒

落合は、ようやく見事に機雷処分の初成果を上げた隊員たちに深い感謝と敬意の念を抱いた。しかも爆破処分は六月十九日から三日間続いたのである。

落合は述懐する。

「三日続けて爆破という好成績になったので、BZ（ブラボーズール）と業務日誌の指揮官所見欄に書きました。ブラボーズールとは旗旒《きりゅう》信号で、『見事なり、よくやった』という意味です。私は、最初の二日については『BZ。今宵巡検後、ささやかに酒保開け』と書いたんです。隊員たちの疲労回復と休養のため、部隊の士気高揚のため、『飲酒許可する』との趣旨です」

海上自衛隊のフネの上では禁酒であるが、海幕長の許可のある場合は許される決まりになっている。落合は日本を出港前に佐久間海幕長の了解を取って行った。

落合は、三日目の所見欄には「BZ（見事なり、よくやった）」に留めておいた。しかし、ある気の利く幕僚がちゃっかりと、「群司令、後半（飲酒許可）をお忘れになっていたので書き加えておきました」と報告した。

週一回休養日の酒として、夜八時から十時まで一人当たりビール三缶と計算して三ヵ月分を持っていったのに、一発「ドカン」しては、ささやかに酒保を開く羽目に陥ったので、なんと七月には部隊として飲み干してしまった。米中東艦隊司令部の女性幕僚に事情を説明して、現物は譲ってもらったのはよいけれど、今度は米海軍のPX（酒保）を空にしてしまった。続いて、ドイツ、豪州軍から酒を分けてもらった。

公私をきちんとわきまえた酒である。たとえ「ときわ」艦上での賑やかで愉しいスティール・ビーチ・パーティーであったとしても、予定の一時間半が過ぎると、サッと片づけをしてそれぞれの艦務に戻っていったのには、現地視察をした佐久間も感心した。

海の漢《おとこ》は、きつい仕事の合間の飲み会が大好きだ。スティール・ビーチ・パーティー（直訳すれば鉄板の渚のパーティー）と言って、軍艦の甲板を浜辺に見立てた愉しい飲み会が、派遣期間中、何回か行なわれた。

記録によると、七月十四日および七月二十五日は、日米各級指揮官「会報の別法《べつぽう》」と呼ばれるものであった。「会報の別法」とは帝国海軍以来の符丁で、「会議の後の懇親会」である。連絡会議をした後で、暑気払いに飲み会をしたということだ。また、各国海軍が集まってのスティール・ビーチは、八月十日と九月九日にも催されている。

スティール・ビーチは、日本の慣例により、日米両指揮官の落合とレスリー・W・ヒューイット大佐（Capt. Leslie W. Hewett、当時五〇歳）による樽酒の「鏡割り」で始まった。

スティール・ビーチ・パーティー。日米隊員と落合(右端)が見守る中、レスリー・W・ヒューイット大佐の鏡割りで始まった

この和風の行事は、アメリカ人にはよほど珍しかったようである。次いで乾杯の代わりに「コメンス・ファイアリング（Commence Firing）」（砲撃始め）の号令の下、食べ、飲み、笑い、Tシャツを交換し、男たちは親睦を深めた。積んできたカラオケ・セットが大活躍をした。

平成三年夏のペルシャ湾において、スティール・ビーチは「愉しい飲み会」以上に重要な「戦略的な」役割を担っていた。ヒューイット大佐は半分以上本気で「ナンバー・ワン・プライオリティ」と評価していたのだ。

落合は、平成三年秋の別れ以降も、折に触れてはヒューイット退役大佐との海の男の友誼を深めてきた。あるとき、元大佐の娘婿氏が横須賀の在日米海軍司令部に勤務しているというので、横須賀を訪れった。落合はもう絶版・版元品切れで入手困難になった朝雲新聞社刊『「湾岸の夜明け」作戦全記録』をなんとかやりくりして一冊プレゼントした。そのとき、英訳は付いていないけれども、テーラー少将と落合司令が握手を交わしている横で自分が笑顔でいる場面の写真が載っているといって指さして大変喜んだ。

率先の人、残飯をチェック

ペルシャ湾の、高温多湿、砂塵、煤煙という最悪な環境下、連日にわたる掃海作業で、隊員たちの疲労がかなり溜まってきた。

落合は二六時中、隊員の健康管理と士気高揚について心を砕いた。

一日の掃海作業が終了し、日没後、掃海艇が母艦「はやせ」に横付けして燃料、真水、生鮮食料品の補給を受けている時間を利用して、各艇内を見回った。まず、若い隊員たちの居住区に飛び込み顔色を見る。「ご苦労さん、どうだ、キツイか」と声を掛ける。「キツイです、でも頑張ります」と健気な声。「そうか、よし、しっかり飯を食って頑張れよ」。

次に、士気の源たる食事を作る烹炊所《ほうすいじょ》（調理所）に駆け込む。たびたび実施した嗜好調査の結果に沿って、隊員たちの旺盛な食欲を誘うために、献立作りに四苦八苦してくれている調理員長に「おい、ご苦労さん、どうだ、皆、よく飯を食っているか」と尋ねる。「駄目ですね、皆、疲れていますよ」との率直な言葉が返ってくる。

落合は「そうか……残飯は」と脇に置いてある残飯用のオスタップ（残飯桶）を見る。確かに残飯量が多い。「わかった、よし、次の工夫を考えよう」。皆の顔色もよく、元気溌剌としているときは、残飯の量も少ないのである。まさに、「残飯は、健康管理のバロメーター」である。

母艦「はやせ」を中心に寄り添うように補給を受ける掃海艇

両角「ときわ」艦長は、残飯とは別に、隊員、とくに危険な海面に進出する掃海艇の乗員の元気度を測るバロメーターを持っていた。

日没後に戻ってきた掃海艇が「ときわ」に横付けされ真水や燃料の補給をしている間に、隊員が乗り込んできて「洗濯、風呂、ジム」を大いに活用し、日中とは別の世界を楽しんでいく。両角には、カラオケやギターの音を聴くたびに彼らの精神状態や疲労度を推測することもできた。

一番キツイ最初の一ヵ月

掃海作業は六月五日から開始されたが、最初の一ヵ月強は、とくに掃海艇乗員にとっては最もきついスケジュールが組まれていた。早朝〇四三〇に総員起こしから始まり、朝から作業をして、真昼の一二〇〇にお弁当のお握りを食べたきり、再び作業、撤収、一時間かけて錨地に戻り、補給艦「ときわ」か掃海母艦「はやせ」に横付けして補給するのが遅くなると二三〇〇頃、その後、「防雷ネット」というものを組み立ててフネに付ける、それからようやく真夜中に食事をして、早くて〇一〇〇か〇二〇〇に就寝。大変な殺人的スケジュールが続いた。

防雷ネットは、係維機雷の索が切れて浮流機雷になっているものが艦艇に当たって触雷することを防ぐために、角材とネットで組み立ててフネに取り付けるものである。

EODの青山には、防雷ネットは本当は役立っていないような感じがした。潮の流れによっては、きれいに張ることが難しく、そもそも司令部の幕僚の工夫らしいが、毎日組み立てるのに、夜中、一、二時間も手間がかかる代物なので、フネの総員で作り、それをいちいちゴムボートで下ろして、張っていた、と当時の労苦を語る。

偉大なるEODを顕彰

温厚な青山が、EODの人数は少なすぎたと力説した。

最初の作業地MDA7は、水深三〇メートル以上と深いので、EODが潜水病にならないためには、一日に潜る回数が限られてくる。「はやせ」司令部からEODが、各掃海艇に二名ずつ応援に来てくれて、あわせて六名でチームを組んで作業をした。

「あわしま」に助っ人に来てくれたのは、波多野と大庭の両名。ペルシャ湾の水温は三五度なので、ウェットスーツを着ると体感温度が上昇して余計熱く不快に感じ、体力が消耗した。

例えば周防灘やむつ湾などは、せいぜい水温二〇から二一度であるから、ペルシャ湾は相当な高水温だ。

現場では、ローテをより緩やかに組んでほしかったのだ。

EODが乗る処分艇と見守る掃海艇「あわしま」

ＥＯＤというのは、活動の性質上、潜っては休みのパターンで行なうものなので、もっと交代制のほうが効率もよいという。各艇に四名ずつ、それに「はやせ」からの応援九名をあわせても、掃海部隊全部でＥＯＤが二五名だったので、人数も倍は必要だということを司令部に配慮してほしかった。

苛烈な条件下で勇敢かつ慎重に闘い抜いた二五名のＥＯＤ諸氏は、最敬礼をもって顕彰されるべきだろう。

「ひこしま」末永貢三尉（処分士）、坂本源一一曹、山中健一一曹、松川秀樹三曹

「さくしま」渡邊明洋一尉（処分士）、田邉秀夫一曹、金井通男二曹、橘利至三曹

「あわしま」富永直則二尉（処分士）、柳沢弘行一曹、青山末廣二曹、北賢司士長

「ゆりしま」藤本昌俊二尉（処分士）、岩切道幸曹長、坂口勘十三曹、薤野英樹士長
「はやせ」中川勝信一尉（司令部処分班長）、清松淳曹長、山崎茂一曹、小川新二一曹、平野正哉二曹、高見耕司二曹、大庭章成三曹、波田野成美三曹、姫路峰佳三曹
右の諸氏を中心に、平成三年の夏、密かにペルシャ湾限定で流行したＥＯＤソングがある。「たおさタイムズ」第一〇号に、土肥編集長の手になるものか、ＥＯＤをテーマにした替え歌が掲載されている。「たおさタイムズ」に載った替え歌シリーズのなかでもとりわけ秀逸な作品だ。

「ダイバーよ」（元歌「恋人よ」）

一　陽の沈む夕暮れは　恐怖の開始を物語る
暗くなりゆくペルシャ湾　愛をささやく余裕もない
ダイバーよ　そばにきて　震える私の側にいてよ
そして一言　機雷の話は　冗談だよと　笑ってほしい

二　波が散る凪の日は　浮流機雷に好都合
船に巻かれた　フェンスには　機雷防止の保証もない
ダイバーよ　そばにきて　震える私の側にいてよ
そして一言　浮流機雷は　もう無いはずと語ってほしい
ダイバーよ　そばにきて　震える私の側にいてよ

そして一言　この派遣話は　もう無いはずと語ってほしい

海の男たちはあくまでも逞しく、不安さえも笑い飛ばそうとしていた。

援軍、来る！

日本の掃海派遣部隊のプレゼンスと大活躍は、湾岸戦争停止後もペルシャ湾岸地域の各国に居残った我が国の商社駐在員などやその家族たちに、泪を流し手を取らんばかりにして喜ばれた。

落合は現地に行って、感謝や友情を受けた湾岸各国や他国海軍からのみならず、思いがけない人たちからの反応に感動した。

湾岸各国の在留邦人たちは湾岸戦争で大変な思いをした。イラクのクウェート侵攻以来、多くの国々は自国民救出のために軍隊や艦船、航空機を派遣してさまざまな努力を尽くした。また、紛争終了後も、湾岸諸国の復興のため物心両面にわたり、目に見える貢献を積極的に開始した。

しかし、我が国の対応は万全とは言えず、関係各国から感謝されるまでには至らなかった。そのため、現地の日本人たちは、大変に肩身の狭い思いをしていた。そうしたなか、日本から遙々掃海艦艇六隻と五一一名の隊員たちが現地に来て、他国の海軍部隊と力を合わせて掃海作業に従事し、ペルシャ湾の船舶の安全航行の確保に活躍をした。

当時、現地に進出している多くの企業や商社の支店長が何人も停泊中の「はやせ」に来艦して、喜びと感謝の言葉を述べていった。落合は現地駐在の日本大使からも「日本人一同、ようやく肩身の広い思いができて感謝しています」と便りをもらった。

在留邦人との交流は、落合に深い想い出として残っている。

バーレーンでは、戦争のせいで現地に残った日本人はわずか二〇〇人強だった。日本の部隊を大歓迎してくれ、日本人会のなかで浄財を募り、現地の一流日本人クラブを丸一日貸し切って、部隊一同を慰労会に招待した。七月四日から一二日に整備のために入港したとき、在留邦人は口々に「やっとこれで、胸を張って歩けます」と部隊全体を温かくもてなした。「あわしま」のEOD青山も嬉しくて落涙した。「我々が来たのは、間違っていなかったのだ」と。

往路にインド洋で日本のタンカーや貨物船が通りかかると、汽笛や旗旒《きりゅう》信号で激励してくれたのも、青山たち掃海マンには嬉しかった。原油や貨物を運ぶこの人たちが、最も機雷除去の恩恵に敏感なのだ。マスコミなどから叩かれながら出港したので、フィリピンあたりで、東京から「引き返してこい」と言ってくることも十分あると恐れていたのだ。

在留邦人は医者にも不自由していたので、部隊の医官三人——外科の妻鳥元太郎三佐（医務長）、内科の東納重隆一尉、歯科の稲葉浩明一尉——が、通常はあらかじめ厚生省の認可を得た場所でしか医療活動を施すことは許されないけれども、そこのところは「健康相談」と称して、とくに小学生以下の小さいお子さんのお世話をして重宝がられた。

UAEのドバイで貿易会社を経営していた赤井豪太氏は「援軍来る」という迫力ある手記を綴っている。

「一九九〇年八月二日朝、イラク軍によるクウェート侵攻という世界中を震撼させたニュース。

当時ドバイには日本の大手企業が七〇社ほど進出しており、約三五〇名の日本人が駐在していたが、私と家内のほか三人を除いて、すべての日本人が同じような理由でドバイから消えてしまった。（中略）

（一九九一年の）五月も終わろうというある日、『日本海軍来る』という現地新聞の見出しが目に入った。ビッグニュースだ。

『すごいぞ！　来たぞ！　やったぞ！』やたらと興奮する自分を抑え切れなかった。正確には海軍ではなく、海上自衛隊（ＪＭＳＤＦ）だが、外国ではＪＭＳＤＦも立派な『日本海軍』なのだ。

『アカイ、良かったな。日本海軍が来るんだってな』と、イギリス人やインド人の友人たちが一緒になって喜んでくれた。まさに『援軍来る』である。ラシッド港に行って旭日旗を見たとき、これでやっと国際社会の仲間に入れたと思った。乗艦を許されて旗艦『はやせ』の舷梯《げんてい》を登って幕僚の方々の出迎えを受けたとき、感激のあまり身体が斜めになってしまった」（防衛庁広報誌「セキュリタリアン」平成十三年十二月号）

大ボス親分の現地視察

制服組の最高指揮官たる佐久間一は、一日も早く現地視察をしたかった。池田防衛庁長官は、六月に呉を訪問して留守家族と懇談した際、「私の名代として佐久間さんに行ってもらいます」と言った。トップにある者が現地に行くことがどれだけ大事かをよくわかって、佐久間に任せたのだ。防大一期として新生ネイビーの看板を背負い、全海上自衛官の命を預かる佐久間は、責任感の塊であった。

視察について池田長官から話がある以前に、佐久間は依田事務次官に「掃海派遣が終わるまでは海幕長をやらせてください」と直訴していたが、統幕議長を命じられた（統幕議長、正式名称「統合幕僚会議議長」は自衛官の最上位者である）。

佐久間はもっと早く現地に行きたかったが、六月中旬から七月中旬近くまではイスラム教の「ハッジ」という大巡礼の時期に重なったため、七月初旬になった。佐久間は現地で、落合が悩んでいた掃海作業終了時期の話をテーラー少将と交渉したりした。佐久間がスティール・ビーチ・パーティーに参加したら、懼《おそ》れていたとおり、隊員がよってたかって佐久間に現地人の白い被り物をかぶせ、むりやり仮装させた。佐久間はただ、苦笑していた。

佐久間は、派遣を通じて強く印象に残ったことが二つある。

一つ目は、現地を訪問して、部隊と別れることになった早朝、朝靄の中を掃海艇がラッパを吹きながら出航していくのを見送りながら、「ときわ」でＭＤＡ７の泊地を離れるとき、佐久間は彼ら隊員と同じ組織に属していることを誇りに思った。

二つ目は、隊員と家族は秘密保全の点でも本当によくやってくれたことだ。一九八〇年にリムパックに初めて参加したときもそうだったが、決定から公表までの間は箝口令を敷いたのに、何もリークは出なかったことである。隊員を信用していないと、一緒にこんな仕事はできないと佐久間は強調する。

掃海現場に赴き、EODを激励する佐久間統幕議長（左端）

難所のMDA10

掃海マンたちの作業は、MDA7（第7機雷危険海域）、MDA10（第10機雷危険海域）、クウェート水路拡幅、サウジ・カフジ沖の（株）アラビア石油の海上油井に行くための水路啓開という順序で進んでいった。

MDA10は、米海軍ですら「最悪の海域」と呼んでいた。ここは中東の大河チグリス川とユーフラテス川が合流したシャトル・アラブ川の河口に近いため、水深は掃海艇の作業限界とされる一〇メートル前後しかなく、潮の流れは時速三・七キロメートル

「さくしま」による機雷爆破（ペルシャ湾最奥部のMDA10にて）

と極めて早い。加えて、石油のパイプラインが海底を錯綜的に走っている。

イラクはここに、マンタを含む沈底機雷を多数敷設したのだ。潮流が止まる時刻を見計らって、視界が悪いなかをＥＯＤが潜る、そんな悪戦苦闘の末に計一七個の機雷を処分した。

まことに、ＭＤＡ10は、パイプラインが錯綜していて掃海作業が難しい海域であった。第六章で紹介した海幕・弾薬班長の松本順時二佐（当時）は、現地とのやりとりを記憶している。

夏のある日、現地部隊から松本に、「パイプラインの比較的近いところで機雷を発見したが、信管無力化作業（小型爆弾を機雷に付けて、発火装置を壊すこと）を行なっても、大丈夫だろうか」と衛星電話を使って問い合わせがきた。松本は、さっそく水中爆発計算式を使って、圧力とパイプの強度から安全距離を算出して回答した。

家族恋しさと男の意地

隊内新聞「たおさタイムズ」編集長こと土肥三佐は、一万三〇〇〇キロの海を隔てて、隊員の寂しい思い、熱い思い、任務に邁進する姿を留守宅に届ける欄を設けた。

題して、一言シリーズ「ペルシャより愛をこめて」。

土肥は、隊員に一言メッセージ原稿を募集するお知らせ欄で、「『桂子、洋子、優子、俺は元気だ。期末試験頑張れ、ピアノと水泳頑張れ。歯を磨け。一番大事な人たちへ　修』って

な具合でどうぞ」と茶目っ気を出している。

「たおさタイムズ」に掲載されたものから、当時の隊員たちの気持ちを垣間見る。

「おやすみは太郎の寝顔、寂しいとお前の笑顔。離れた家族の心を映して、ペルシャの夜空も曇りがち。降らすなよ涙の雨は」（司令部　一尉　妻鳥元太郎）

「国をい出　万里の隔て　ありしども　共に仰がん　同じ天川

七月七日結婚記念日に寄せて」（「ときわ」一尉　高橋孝途）

「八千代さん、私のいない生活大変ですが頑張ってください。幸司君、就職や進学も近くなってきましたね。自分の進みたい方向へ行ってください。仁美ちゃん、美紀ちゃん、しっかり勉強や運動に励んで下さい。幸代ちゃん、幼稚園で友人いっぱい出来ましたか？」

（「ひこしま」一曹　木山一俊）

土肥編集長のツッコミが付されている。「長いよ、でもいっか」。

「昼間のパパは光ってる。昼間のパパはカッコいい。ペルシャのパパは男です。ママ、し

んちゃん、あと少しで帰ります」（「さくしま」二曹　小松君男）
「今日はここでいい。と、自分でドアを閉めた。妻の顔を見られなかった。その妻に、そして、父さんは、当分帰って来ないと薄々感じていた子供達に、もうすぐ帰るよ！」（司令部　二曹　平野正哉）
「『元気だよ。心配するな』の電話の声で、妻は私の健在を知り。『ドカーン』『目標殉爆した』の声で世界は日本の存在を知った。無事帰国して私は家庭内で名誉ある地位を占められるだろうか。たぶん三日天下でしょう」（「あわしま」二曹　小針一範）

爆笑もの。
「本艇独身者多し。上は四〇歳から。金は有。求む独身女性。見合い写真はゆりしま先任伍長まで。文通可。返事一二〇％」（ゆりしま独身会）
土肥編集長は、「投稿先を間違えないようにお願いします。本紙は、低俗週刊誌とは異なります」と茶々を入れている。
ところで、日本男児特有の照れからか、率直な愛情表現を書いたもののほうが、圧倒的に少ない。
「男冥利に尽きるこの任務。家庭のことはたのんだぜ」（「はやせ」曹長　笹村勝）
これだけを読むと、ずいぶんな亭主関白ぶりがうかがえる。あにはからんや、和歌（俳句・川柳など）の部門で見事大賞を射止めたのは、同じ笹村曹長である。

「顔隠す　レースの中にも　妻の顔」

選者の土肥評は「到着したばかりは物珍しかった現地のレースで顔を覆う女性であったが、数ヵ月にも及ぶ異国の生活の中で、ふと妻の顔をだぶらせる自分に気づき、何気なくしたため、その情感を簡潔に、かつ見事に表現している」。

モラル（士気）はスカイ・ハイ！

平成三年九月十一日、実務掃海は無事に終了した。本当は九月十日に終わっていたのである。

三ヵ月半にわたるペルシャ湾掃海作業も、一件の事故もなく、大きな故障もなく無事に終了し、落合はヤレヤレと思っていた。日米両部隊は、九日一八〇〇からスティール・ビーチ・パーティーを開催して、互いの健闘を称え合い、友情をいっそう深いものにしていた。酒宴は深夜に及び、その後、明朝、現地発バーレーンのマナマに向け出港する準備を整えていた。

ところが、夜中の〇二〇〇頃（九月十日未明）、東京から電話があり、落合は「イラン領海内のMDA10（第10機雷危険海域）の浅い水深における日米両部隊による掃海作業の実施について、イラン政府の合意が得られる見通しとなったので、日米双方掃海艇一隻を派遣せよ」との指示を受けた。すでにバーレーンにおける公式行事も、大使館側でセットされていることから、落合は掃海艇「ゆりしま」のみを残し、他の艦艇は予定どおり行動させることとした。

落合は宮下首席幕僚に後を託して「ゆりしま」に乗り移り、一〇日〇六〇〇に現地を発してペルシャ湾を北上し、掃海作業をすべきMDA10に向かった。

イランの最高指導者ハメネイ師から九〇パーセントの確率で、イランとイラクが領海争いをしている海域の掃海の了解が出ることになっていたので、そのときを待っていたのである。

十日一二〇〇にMDA10に到着、一五三〇にヒューイット大佐座乗の米海軍掃海艇「リーダー」が現地着。そこで仲良く横付けして、日米作戦会議をした。

しかし、十日の二〇〇〇、再び東京からの電話で「ハメネイ師は拒否してきた」との連絡が入り、日本の部隊としての帰国命令を受領した。これをもって実働任務は本当に幕を閉じた。落合は、正直なところ、何よりもホッとした。

明けて九月十一日、速力の遅い掃海艇では、先行してバーレーンのマナマに向かっている本隊「はやせ」グループには追いつけないので、UAEのアブダビに直行して合流することにした。〇六〇〇「ゆりしま」はアブダビに向けMDA10を出発し、十三日一二〇〇にアブダビに到着した。

四隻ある掃海艇のうち、落合が一隻だけ選ぶに際してなぜ「ゆりしま」を指名したのか。

「ゆりしま」は、呉を本拠とする第一掃海隊群の所属であるし、かつ、隊司令が乗艦していないので、士官室の予備があったからだ。横須賀から来た二掃群の「あわしま」「さくしま」には木津隊司令が、佐世保から来た「ひこしま」には森田隊司令が乗艦しているので、空きがなかった。

また、四隻のうち、同じ呉で直属のフネは「ゆりしま」だけだが、この深夜の最後のオペレーションに従事させるなら、無理をわかってくれるだろう直属の部下たちに命じたかったのではあるまいか。

落合は他の僚艦に合流すべく回航中、前夜から今朝にかけての「ゆりしま」乗組員たちの心境についてしみじみと思いを巡らせた。

一度は「終わったぁ」と思った掃海作業をするために、自分の艇《フネ》だけが、再びMDA10に向け北上している。自分たちのフネだけ再び難所の掃海をやらなければならないと知らされた「ゆりしま」乗員の気持ちはショックが極めて大きかったろう。乗員たちも、また、乗員たちの気持ちが痛いほどわかっている艇長も、何とも辛かったろう。しかし、彼らは、一言の不満も言わずに、梶岡艇長の指示に従い、全員一致団結、落合の指揮下に敢然として新任務に赴いてくれた。立派だ。そう思いながら、落合が艇内を見渡すと、自信に満ちた逞しい面構えで溢れていた。

一方、こちらは「ゆりしま」以外の僚艦たちの動き。

九月十一日一八〇〇、バーレーンのマナマ港に入港中の「はやせ」艦上では、バーレーン駐在のインド、イラン、パキスタン、韓国、エジプト、ソ連（当時はゴルバチョフ政権の末期。ソ連邦が解体したのは同年十二月）、ドイツ、ニュージーランド等各国大使や米海軍関係者、在留邦人等を招いて盛大な艦上レセプションが開かれていた。依然として洋上を回航中の「ゆりしま」艦上にあって参加できない落合の代行を、首席幕僚の宮下が務めていた。

その席上、スピーチに立った中東艦隊司令官テーラー少将は、「本日、ただいま、コモドー・オチアイとコモドー・ヒューイットがこの場におらず、いまだ、洋上で行動中であることは、まさに二人が最後まで協力しながら、作戦を遂行してきたことを意味する。日本掃海部隊のモラルはスカイ・ハイであった……」と述べ、参加者たちの感動を呼び、大きな拍手を浴びた。

落合群司令とヒューイット大佐の「海の男の友誼」、面目躍如である。

落合からOMFへの感謝

落合は、九月十一日の実質的な掃海作業終了を受けて、派遣部隊の隊員たちに、感謝の気持ちを込めて、メッセージを送った。


本日を以て、我がOMF（派遣掃海部隊）によるペルシャ湾の掃海業務は終結した。六月五日実掃海業務開始以来三ヵ月有余、三四個の機雷を処分した。この成果により、我がOMFが世界の平和に真に貢献するとともに、国際社会のなかでの日本の地位を大いに高め得たことは、大いに誇るべきところである。

しかし、私は、この過酷な条件のなかで、一件の事故もなく、かつ百パーセントの稼働率を維持したことこそ、大いに誇るべきところと考える。これはひとえに、OMF隊員総員が、その使命の重要性を強く自覚するとともに、一人一人が、自らの持ち場において最善の努力を尽くした結果である。ＯＭＦ指揮官として私は、諸君を大いに誇りとするとともに、深甚の感謝の意を表したい。

六隻が　今日も海往く　日の出かな
お便りと　笑顔のサービス「ときわ」丸
「ひこしま」が　今日も見つけた　ユーディーエム（ＵＤＭ）
韋駄天の「ゆりしま」処分は　マンタ（ＭＡＮＴＡ）かな
「あわしま」は　列線看破の　助け船
やっつけた　髭の「さくしま」ルグム（ＬＵＧＭ）かな
浮上した「マンタ」と叫ぶ　ＥＯＤ
依る子らに　乳を含ます「はやせ」かな

長期間の戦いの思い出と部下への感謝の意を句に託したところは、詩歌に長けていた父・大田中将を意識している。

（注）ＵＤＭは沈底《ちんてい》機雷。ＬＵＧＭは係維《けいい》機雷。ともにソ連製。ＭＡＮＴＡはイタリア製高性能感応型沈底機雷。三四個の内訳は、ＬＵＧＭが一七個、ＵＤＭが一五個、マンタが二個である。

最大の苦悩――トンネルの先が見えない苦しみ

池田防衛庁長官から出発時にいただいた命令では「帰りについては、別示する」となっていた。つまり、いつ帰国できるか、落合指揮官を含む全員が皆目わからなかったのだ。もちろん、佐久間にもわかっていなかった。

日本を出てから三ヵ月が経過する頃になると、隊員たちも「いったいいつまでやるんだろうか」「帰国はいつになるのだろうか」と考えだした。留守家族にも、隊員の不安な気持ちが伝わるであろう。

トンネルの先が見えないという重圧感を感じると、緊張が落ちてきて、士気が落ちる。それが、ケアレスミスに繋がると怖い、と落合は敏感に悟った。落合は、無事に任務を完遂するためには、掃海作業終了の概略の時期を示す必要があると考えた。

佐久間統幕議長による現地視察の前に、落合は米海軍の掃海部隊司令官ヒューイット大佐と相談して、残存機雷数、未掃海海域面積、今後の作業所要日数などの見積もりをし、理論と実績の両面から詰めて、九月十日までに任務を終えようと日米現地指揮官レベルで合意した。落合はそれを七月十日から現地を視察に来た佐久間に報告した。

この、「トンネルの先が見えない苦しみ」を解き明かすには、現地派遣部隊レベル、たとえ総指揮官の落合レベルでさえ、わからなかった部分、できなかったことが多い。部隊を送り出した最高指揮官の佐久間が問題解決の鍵を相当部分握っていたのだ。

佐久間は、部隊を送り出した者として「出口」つまり掃海作業終了予定日を詰めて、早く決めてやらなければならないとの不退転の決意で現地入りした。

七月九日から十八日まで現地を訪問した佐久間は、まず十日と十一日に、二日続けて、落合と二人きりでじっくりと会談の時間を取った（初日三〇分、二日目一時間）。七月十一日の夜、佐久間は各指揮官・艦艇長との懇談夕食会を持った。とくに席を決めずに、あちこち移動することにより、佐久間はいろいろな指揮官の本音の話が聞けた。

桂は、往時の苦衷を回想する。

佐久間が現地訪問をして、各艦艇長も含む指揮官の意見をじかに聞いて回った。誰も口を開かなかったが、「桂はどうか。まだ、できるか」と質問があったので、桂は率直に「私の所は、もうダメです」と述べた。派遣部隊のなかでは「日本で正月を迎えられない」という怒りや不安が渦巻き、桂は他艇はどうあれ、自分のフネは乗員の気持ちがもう極限だと思っていた。

佐久間は、落合との一対一の会談などにより、現場の状況を把握し、七月十一日午後、米海軍の現地最高指揮官テーラー少将との会談に臨んだ。もとより佐久間は現地訪問に際して、すでに東京で米国防総省・国務省と詰めたうえで「終了時期の目途」という部隊へのお土産を持参したわけではなかった。

佐久間とテーラー少将の会談の一部である。

佐久間「米海軍は、いつまで掃海をするのか？」

テーラー「海自が終わるときに、米海軍も終わる」

（テーラーがあくまでも現地の責任者にすぎず、米国政府の責任者ではないので、カチンと来て）

佐久間「出先の貴官にそのようなことを言う権限があるのか？」

テーラー「昨日、ワシントン（国防総省）と打ち合わせ済みで、九月中旬（九月十日頃）を目途とすることの了解を得ている」

このやりとりにより、日米共同掃海作業の終結時期を九月上旬とすることが、ほぼ実質的に確定した。完全な決定と言えないのは、池田防衛庁長官の派遣命令に基づく掃海作業であるので、佐久間統幕議長限りで最終判断を決めるわけにはいかないのだ。佐久間が現地から持ち帰った日米合意は、形式的にせよ、あくまで我が国政府レベルのものとして東京で正式に決定された。

佐久間が帰った数日後に、任務修了の目途を隊員一同に公表した。すると、落合の表現によれば「掃海マンは単細胞が多い」ので、部隊の士気がまた高揚した。落合の鋭い観察眼には、それまでは、いつまでやるのかとドンヨリした雰囲気が目についたが、今は一つの見切りがついた。トンネルの先が見えた隊員たちは、「よし、もうひと踏ん張りだ、頑張ろう！」と持ち前の敢闘精神を大いに発揮し、後半の作業に取り組むことができた。

七月二十五日発行の「たおさタイムズ」は「指揮官落合一佐は、九月十日を一つの目途と考えている……」と載せた。

古庄が、落合と隊員たちの苦悩を忖度する。

隊員は現地で他国の部隊とじかに接して、それぞれ政府からの手厚い施策があることを知ってしまう。例えば、フランスは家族を月一回呼び寄せできる。アメリカは休暇旅行があるし、週一回公費で家族に電話ができた。豪州は手当は破格のものはないが、次の年度は税金が免除される。日本の場合、掃海派遣手当が支給されたが、これにより収入がガンと増えた分、翌年の住民税（地方税）もグンと重くなってやり繰りに四苦八苦する者が少なくなかったと言われる。

それでも隊員は、日本政府がとうていそこまで処置できない状況にあることをよく理解して耐えてくれた。

佐久間は、隊員がいつまで耐えられるかという視点からテーラー少将との交渉に臨んだ。そして、MDA7の作業が終わった後にイランとイラクの領海に近いMDA10の掃海をどうするのかの調整は、佐久間に同行した坂部海幕運用課長が別行動をとって米軍と行なった。

ところで、MDA10の掃海作業を本当にやるのかは、日本側内部においても日米間でも一つの問題であったことが、当時の新聞記事から、以下のようにうかがえる。

（イ）MDA10はクウェートへの航路を外れた北側にあり、WEU（西ヨーロッパ同盟）として結束して行動していた欧州諸国（英、仏、独、伊、蘭、ベルギー）はそこまでやる必要はないと考え、七月には掃海艇を引き上げ、帰国してしまった。

（ロ）彼ら欧州諸国は、掃海艇派遣の根拠としていた国連決議六八六は、クウェート再建のための行動をとるよう呼びかけているだけではないかという主張をした。

（ハ）米国としては、高い掃海能力を持ち、イランとも良好な関係を持っている日本には、ぜひ現地に残って一緒に掃海作業をやってほしかった。

（ニ）日米間には、イラクの領海に属する海域を掃海するに当たって、イラクの同意を必要とするか否かについて意見の相違があった。日本は必要と考えていたのに対し、米国には敗戦国イラクの同意は要らないという乱暴な意見があったという。

結局、日本からイラン・イラクへの外交努力が精力的に行なわれた結果、イランからは七月二十日に、イラクからは七月二十五日に領海内での掃海への同意が得られた。

かくて七月二十八日から八月十九日までMDA10で日米が海域を分担して掃海作業が行なわれ、機雷一七個を処分した。しかし、MDA10での厳しい条件下の作業が終わろうとする頃、隊員たちを「いつになったら帰れるのか。正月はペルシャ湾で過ごすらしい」「いや、来年の花見にも間に合わないらしい」との疑心暗鬼に陥れる動きがあった。

この八月の半ば過ぎに生じた先行き不透明感が、二つ目の山場である。

佐久間や掃海部隊にいた関係者の話を総合すると、ワシントン（主に国防総省だが、国務省も同意見）は、MDA10の外側の北側、即ちさらにイラン領海に入ったところが機雷が残っている危険海域と認識し、その除去について国務省の外交ルート（ワシントン国務省→在米日本大使館→我が国外務省）を通じて日本の協力を求めてきた。しかし、現地の掃海のプロとしては、日米共に、すなわち落合もヒューイット大佐も、残る機雷は一、二個しかなく、それも沈底機雷であるので、浮流するような恐れもないという見方をしていた。

しかし、掃海幕僚としては、指示があった場合に備えて、水深一〇メートルという極めて浅く視界ゼロの場所での作業が可能か否かのEODへの問いかけをせざるを得なかった。それが現場のフネでの悲観的な流言飛語を生んだということらしい。

東京・ワシントン間の調整の結果、佐久間の言葉を意訳すると、日米各一隻の掃海艇が一日をかけて、いわばアリバイ作りのために仲良く一緒に作業を行なうことに落ち着いた。落合は、九月四日に東京の海幕から「状況によりMDA10危険海域最北部、イラン政府の了解を得次第、掃海の可能性あり」との指示を受けた。

やがて九月十日午前二時、海幕からの指示が来たが、結局イランからの了解が得られなかったことは、すでに述べたとおりである。

ちょうど九月十日に、防衛庁の平成四年度概算要求を報告するために、安全保障会議が首相官邸で開催されていた。席上、内局の畠山防衛局長はペルシャ湾に派遣された掃海部隊の状況についても報告したが、イラン領海内で掃海を行なえるかどうか未確定の状況だったため、「まもなく作業を終了する」としか言えなかった。

桂は、この二つ目の山場があったことが自艇への影響大だったことを、陸自の実験を引いて語った。

陸自で、三チームを作って実験をしたことがある。

一つ目には五〇キロの行軍だと言って、それが達成できたところで、じつは目標は一〇〇キロだから、あと五〇キロ頑張れと言った。

次のチームには、最初に目標は一〇〇キロだと言って、五〇キロに達したところで、じつはここが目的地だと言った。

三つ目のチームには、五〇キロが目標だと行軍させ、そこまで達したら終了宣言をした。このうち、最も脱落者が多かったのは、最初のチームであった。もう終わりだと思ったのに未だあると言われるのは、キツイものである。

桂にとってペルシャ湾での教訓が二つある。

一つは、長く一緒にいると人間の本性が出てくること。普通は訓練が続いても一ヵ月程度なので不満があっても抑えられる。だが、掃海艇は狭くて、一〇歩歩けば壁に突き当たる。しかも、他に行き場がない。ことに今回は半年間も缶詰め状態なので、人間の本性がむき出しになった。はじめは意気盛んでも段々だれてくる。

もう一つは、陸自は指揮官の人格だけで引っ張っていくというが、フネは一蓮托生なので艦艇の長に人格があっても技量がないと乗員が付いてこないということ。艦艇長がオールマイティでないといけない、乗員はそれをよく見ている。

復路はお楽しみも

平成三年九月二十三日、すべてを終えた部隊は、日本に向けてドバイを出港するに際し、総指揮官落合から帰途の航海の安全を期す檄を受けた。

「最も危険な海、日本近海へ帰る！」

続けて後半は、「気を緩めるな、胸を張れ、祖国に元気で舫《もやい》を取ろう」との呼びかけである。

これを、「たおさタイムズ」で全艦へ周知した。

落合は帰り道のコースを公募制にした。

船は、七日おきに食料も水も燃料も補給しなければならない。往路は、一日も早くペルシャ湾入りすることを優先したので、各寄港地では燃料、真水、食料などの補給後は、バタバタと次の目的地に向けて出港するという、乗員たちにとって何の面白味もないスケジュールだった。「行き」には何の愉しみもなかったから、「帰り」はコース選びにアンケートをとった。

隊員たちに済まないと感じていた落合は、四ヵ月間にわたる健闘と労苦に少しでも報いたいと、復路については多くの者が希望する港に入り、エンジョイしてもらいたいと思った。補給基地として、コロンボ（スリランカ）は要であった。隊員から人気があったのはマスカット（オマーン）、シンガポール、マニラ（フィリピン）。

部隊が、インド洋横断の大航海を終え、マラッカ海峡に入ったとき、スマトラ島森林大火災で視界の悪い航海となった。ようやく、十月十二日午後にシンガポール沖に錨を下ろした。隊員たちは、中華料理店でラーメンに舌鼓を打ちながら日本をいよいよ間近に感じた。

ここシンガポールでは、落合を感激させる出来事が待ち受けていた。マレーシア防衛駐在官江口幸一一佐（陸自）から予期せぬ感動的な内容の電話を受けたのだ。

「十月初め、天皇皇后両陛下が初めての東南アジアご訪問で、マレーシアにお寄りになった際、海上自衛隊の掃海部隊がペルシャ湾での任務を終えて帰国の途につき、今インド洋を航行中ですと申し上げたところ、陛下は喜ばれて、『湾岸の奥の非常に難しい海域を担当して機雷をたくさん処理し、犠牲者を出すこともなく、無事終了したと聞いて喜んでおります』とのお言葉をいただきました」

友情に厚い落合と江口との交流は平成二十五年現在でも続いている。

フィリピンでは、人気のマニラをあきらめてもらい、行きの航路であわただしく立ち去ったスービック基地に寄港した。フィリピンを出てからは台風――のちに台風二三号――に追われまくった。

帰りの航跡、すなわちオマーン～コロンボ～ペナン～シンガポール～スービック～日本。このコースはほぼ日露戦争の際のロシアのバルチック艦隊の進路と同じである。だから、同艦隊指揮官ロジェストヴェンスキー中将の気持ちがしみじみわかったと落合は言う。ヒノマル掃海部隊も同じように一〇ノット（時速約一八キロ、自転車のダッシュ時並み）しか出せない。トロトロ進むしかないのである。

バルチック艦隊は、当時のオンボロの石炭を焚いて走るフネ、しかも日英同盟のために英国の包囲網が厳しくなって、どこの港でも良質の石炭を補給させてもらえなくなっていたのだ。

掃海艇は機雷除去作業のため高出力の発電機を積むのが必要な分、展開速力と補給面を犠牲にしているので、無理して走っても最速一三ノットくらいしか出せない。実速は一〇ノットである。機動展開はもっとも苦手とするフネだ。

カネの貢献・ヒトの貢献

日本が湾岸戦争に対し、当初、カネの面でしか貢献しなかった、人を出さなかったから国際的に評価されなかったという認識は平成二、三年頃に盛んで、今や歴史的事実として一般的に定着しているようだ。その証左が新聞、Tシャツ、切手である。

しかし、カネの面でしか貢献しなかったから評価されなかったのではなく、PRの仕方が悪かったのだという意見（恩田宗駐《たかし》サウジアラビア大使、湾岸戦争当時）も見受けられる。

新聞、Tシャツ、切手についての動きは次のとおりである。

①新聞―戦闘終結直後、クウェートがワシントンポスト紙などの米国有力紙に掲載した感謝広告（平成三年三月十一日付）。

クウェート解放に貢献した三〇の国の国旗が掲載されていたが、日本の『日の丸』が載っていなかった。

②Tシャツ――派遣部隊が現地に到着して間もない五月下旬頃、沿岸諸国の間では「湾岸の復興に貢献してくれた国に感謝する」という趣旨で背中に各国の国旗が描かれたTシャツが売られていた。日本の『日の丸』はそのなかになかった。

ところが六月中頃には、日本の掃海部隊による作業のことが現地の新聞などで報道されはじめ、Tシャツの国旗の中に日の丸も加わった。

③記念切手――掃海派遣部隊は、九月四日にクウェートのアル・シュワイク港に寄港。以前にはなかったとされる、日本の国旗が新たに他国に加わって印刷された記念切手（四二枚シート版）を見ることになった。

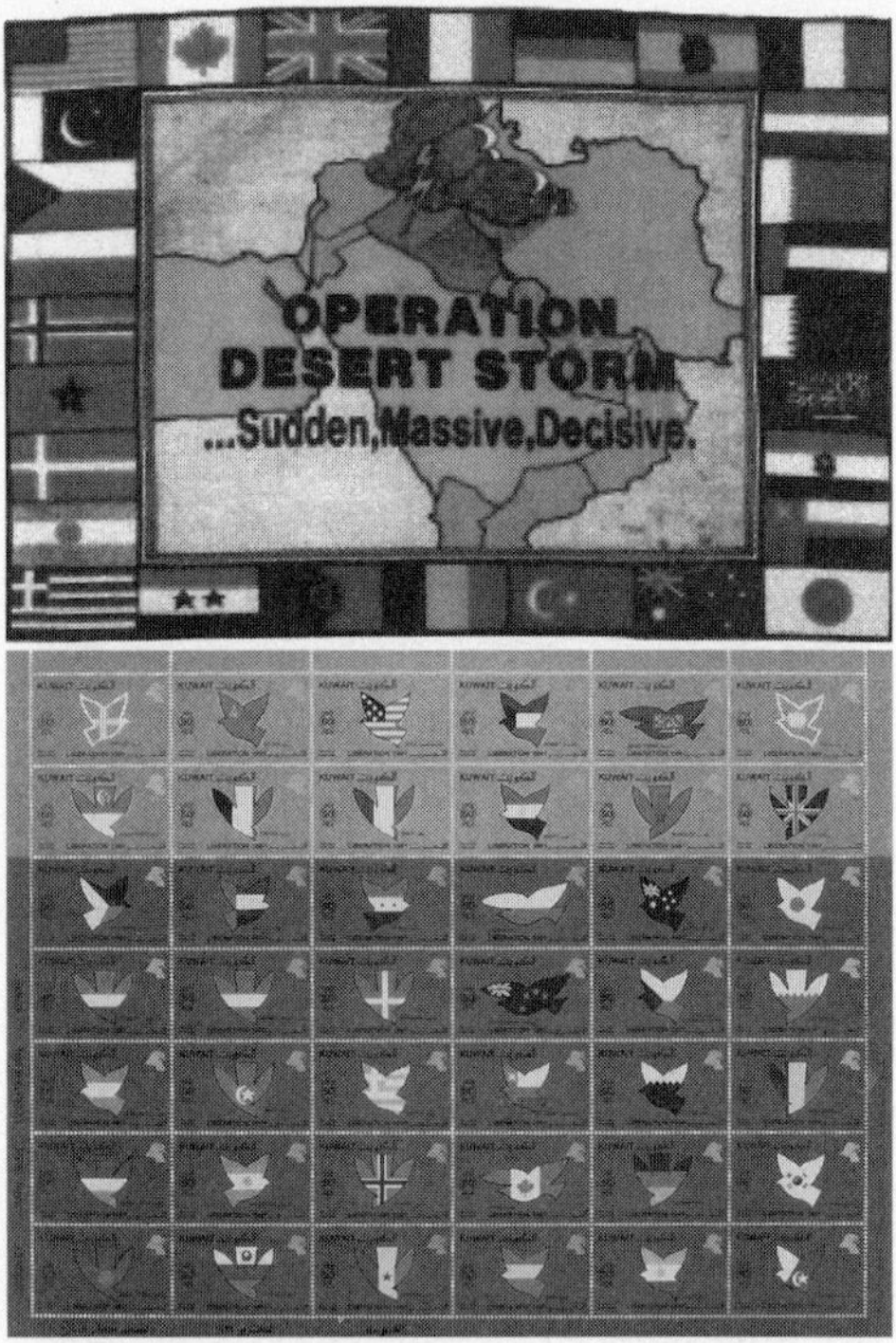

日の丸が加わったTシャツのロゴマークと記念切手

同盟国や志を同じくする国々と少しでも行動を共にすることは、やはり重要視される。役に立つ「ヒト」の派遣は、日本のプレゼンスを印象づけるのに最も有効である。まず「目に見える」こと、次に汗を流し、血さえも流す危険性を冒すことにより、貢献における真剣味が理解されやすい。平成三年当時、米国のアマコースト駐日大使も「日本の資金協力は重要で寛大な対応だったと評価しているが、目に見える対応があればよかった、危険を分かち合う国の間には特別な感情が生まれるものだからである」とスピーチしている。

恩田元大使の説

そこで、カネの貢献しかしなかったから評価されなかったのではなく、PRの仕方が悪かったのだという、当時の駐サウジアラビア大使であった恩田宗氏の所説を取り上げたい。外務省OB・OG会報誌「霞《か》関会《かんかい》会報」の平成二十年三月号より抜粋する。

①日本の金銭的支援（湾岸平和基金への一三〇億ドル供与）を激しく非難・批判したのは、米国・英国である。彼らはアンフェアだった。当時は日米貿易交渉が火を噴いていたので、米国議員は感情的になったのだ。

②クウェートは感謝した。問題の米紙の感謝広告につき、黒川駐クウェート大使が尋ねたところ、クウェート国外務省は「あれは本国政府（亡命からの帰国直後で混乱を極めていた）が指示したものではなく、現地が十分に考えもせず新聞に載せてしまったもの」と釈明。クウェート国自身が気にしているが、時すでに遅く、新聞広告の件はもうできあがった伝説になってしまい、森本敏氏の『国民として知っておきたい日本の安全保障問題』でも「感謝されなかった説」をとっている。

③周辺諸国への二〇億ドル（超低利の商品借款）は受け取り国から大いに評価された。

恩田元大使は、クウェートを含むアラブ諸国でカネの貢献が評価されなかったというのは誤解であり、真実でないことを述べている。

それについて落合は、元大使の説明のとおり、日本の一三〇億ドルは、米、サウジに次ぐ世界第三位の貢献なのだから、PRの仕方が適切でなかったと言うしかないだろうと語る。他方で、金を出さず、人をわずか三人ばかり停戦監視団に出した小さな国がずいぶんと高く評価されたのも実態だったと強調する。

平成三年九月五日、落合はクウェートとイラク国境付近に設置された国連停戦監視団司令部（UNIKOM）を表敬訪問していた。停戦監視業務は、砂漠の劣悪な環境下で緊張を強いられる苛烈な任務だ。

「規模の大小、期間の長短は問わない。一人でも二人でもいい。できるだけ多くの国から、少しでも多く参加してくれれば皆が助かる」という停戦監視団司令官を務めるオーストリア軍グラインデル中将の痛切な言葉が落合の胸を強く打った。

停戦監視団に隊員を派遣している国は三十数ヵ国だったが、意外だったのはアメリカ、イギリス、フランス、カナダなどの先進諸国に混じって、フィジーやナイジェリアといった途上国の名があり、しかもそれらの国々は立派に国際貢献をしていると高く評価され感謝されていたことである。

「経済大国・日本よ、何をしているのか」と言わんばかりの冷たく厳しい視線を、落合は背中に感じつつ、停戦監視団司令部を後にした。

落合は現地で、国際社会の共通の関心事案のためには、ヒトを出し汗をかくことの重要性を知った。「人命の危険を伴う仕事は他の国にお任せしますので、当方はお金を少しばかり提供します」では済まされない、互いに肩を組み、額に汗を流し、共にリスクを分かち合うことが大切であると痛感した。

第八章　防人たちの栄光

軍艦旗と軍艦マーチ

復路の途中、祖国への凱旋の歩みを続ける掃海派遣部隊の誇りを傷つけるような由々しき問題が起こった。

派遣部隊が帰国時、接岸埠頭では軍艦旗（自衛艦旗のこと）も掲げてはならない、軍艦マーチもかけてはならないという噂が聞こえてきた。落合たちは、シーツを裂いてでも軍艦旗を作り、音楽は艦のテープで代用しようと悲愴な覚悟だった。

ところが、後に落合が海部総理本人と話してみると、「俺は、そんなことを一言も言っていない」と言われた。歓迎ムードに水を差すような「海部＝ハト派イメージ」を作り出して足を引っ張るために、官邸あたりの誰かが仕掛けたことだったらしいが、真相は藪の中だ。

半年ぶりの祖国

十月二十三日、部隊は、いよいよ太平洋に出て、日本領海に入った。我が国領内の最南端に当たる沖縄県八重山諸島などが見えた。やがて沖縄本島も見えてくる。五百余名の部隊はようやく祖国に帰ってきた。

「たおさタイムズ」最終号はその感激をこう綴る。

「確かに、日本の空気の匂いだった。空の色、雲の様子、島々の色と海の色。何より匂いは、日本の香りであった」

半年ぶりの祖国への凱旋、懐かしさに目を潤ませる隊員も多かった。

十月二十七日、六隻はひとまず、広島湾沖合に浮かぶ小黒神島《こぐろかみしま》沖の南一五〇〇メートルの海域に錨を下ろした。同日、一三四九のことである。

小黒神島沖から帰国歓迎行事の行なわれる目的地の呉まではわずか二〇キロメートル。しかし、その日のうちに呉に入ることは許されず、三晩を海上で過ごさざるを得なかった。

帰国行事について政府部内でもめたあげく、海部総理と池田防衛庁長官の主催が決まったが、式典開催が総理の都合で三〇日になったせいである。春の出発日程もサイクロン（台風）を避けるのにぎりぎりの限度で間に合うようにしかゴーサインを出せなくて、派遣隊員たちにしわ寄せをかけた国内政治家たち。大成果を上げて帰国してきた部隊の呉入港に足止めをかけるという、判断能力のなさを露呈していた。

掃海部隊が日本に近づく段になって、国内政治は激しく動いた。政治改革の進め方をめぐり、海部総理は孤立し政権を辞せざるをえなくなった。十月下旬に自民党総裁選があって宮沢喜一元蔵相が選ばれ、海部内閣は歓迎式典の直後に総辞職する予定になっていた。三日も足止めを食らったとの不満があったことは当然である。

佐久間統幕議長は、広島湾沖で恋しい留守家族を目の前にして三日間待てとは以ての外だと思ったので、二十九日に隊員たちに会った際、明日、君らの想像もしなかったような待遇があるよと慰めて激励した。

入港を翌日に控えた広報幕僚の土肥は、最後の瞬間まで執念の健筆を振るった。

「戦争の後はどうなのか？　湾岸に着いたら、欧州、米国の各国海軍は、本当に仲間だった。心配はあった。皆あった。しかし、暖かい仲間が沢山いて、同じ仕事をしていた。彼らの苦しいことは、我々も苦しい。彼らの喜びは、やはり俺たちの喜びだった。

高温、砂、危険は、皆各国の掃海隊員に平等だった。そして、欧州が去った。米国と日本が、湾岸の最後のゴミ、ゴミというのにはあまりにも危険なゴミだったが、だからこそ本当に判りあえた。かっこの良さなんかない湾岸だった。俺たちは仕事をおえた。そして喜びがあった」

珍妙な人事異動エピソードで湾岸に来ることになったパイロットの土肥だが、半年経ってみると、自分を艦に乗せた古庄に感謝した。

四月二十六日に、それぞれの母港を出てから一八八日目にあたる平成三年十月三十日、六隻の艦艇は江田島の北側を通り、呉港の沖に現われた。防衛庁の公式写真集『「湾岸の夜明け作戦」全記録―海上自衛隊ペルシャ湾掃海派遣部隊の一八八日』とは、じつにこの期間を意味している。

帰国歓迎式典

歓迎のフェリーが近づいてきて、横断幕を掲げ、船上の人々はヒノマルの小旗を打ち振っていてくれる。呉音楽隊の勇壮な「軍艦マーチ」が鳴り響くなかを「はやせ」を先頭に六隻が接岸。Ｆバースに集まった一二〇〇人もの家族や関係者の熱い視線を浴びた。隊員たちは呉バースで待ち受けていてくれた大変な歓声の大集団に驚いた。出港時に反対ムードの強さのほうが目立っていたのとは大違いだ。

歓迎式典で、海部総理は「諸君の今回の活躍は、我が国の国際貢献の輝かしい先駆として永く国民の記憶に留められるであろう」と訓示した。池田防衛庁長官は「この静かなプロフエッショナリズムは、関係諸国の賞賛の的であり、まさに全自衛隊の模範、よくぞ成し遂げた」と述べた。

桂元艇長は政治家のスピーチを一刀両断する。

桂は、三十一日の解散式の落合司令訓示とその冒頭に出てくるテーラー少将の部隊へのメッセージには感動し、今でもよく覚えている。それに引き替え、三十日の帰国歓迎式典での、政治家の美辞麗句はまったく印象に残っていない。佐久間はいたずらっぽい笑顔で回顧する。

「海部さんは十月三十日の歓迎式典の後で昼食会をしたとき、『私は掃海艇をもっと早く出せと言ったんだが。三月三日の停戦合意の後、すぐに出そうと思ったよな』と発言して、周りにいた防衛庁関係者を唖然とさせました。都合の悪い過去のことはドンドン忘れてしまうんでしょう。とても幸せな人ですね」

解散式

明けて十月三十一日、統幕議長や海上自衛隊幹部だけを交えて、ペルシャ湾派遣部隊が正式に編成を解く解散式が挙行された。

落合は解散の辞の冒頭で、テーラー少将の賛辞を紹介した。

テーラー少将は、現地で引き揚げたソ連製機雷ルグム（ＬＵＧＭ）一四五に「海上自衛隊の将兵は、最も危険と言われる海域に幾度となく勇敢に立ち入ったものである。その栄誉を称え、この機雷を贈る」とメッセージを結びつけて渡してくれた。現場の指揮官であった桂は、正直、米軍の艦隊司令官ともなれば策士で悪人だなと感じることもあったけど、なんだかんだ言って、我々現場の心情・苦労を最もよくわかってくれていた人なんだと感動した。軍人を真に知るのは、軍人である。この日の落合群司令の解散の辞は、要約すると次の三点からなっている。

一、自分たちが任務を達成できたのは、自衛隊だけでなく、多くの国民の支えがあったからである。それに対する感謝の気持ちを忘れないでほしい。

二、自分たちが任務を達成できたことは誇りである。しかし、誇りは口に出してしまえば塵《ちり》、芥《あくた》の埃《ほこり》になってしまう。だから、そのプライド、誇りは胸にしまって、今後何かあるときの支えにしよう。

三、この任務が達成できたのは、長年にわたる訓練の成果である。だから、明日からと言わず、今日から腕を磨こう。

佐久間は、落合の心情をおもんぱかる。

落合は訓辞を述べ終わると、自分から隊員に向かって挙手の敬礼をした。異例のことに、隊員はドギマギした。落合司令は「私が君たちに感謝して敬礼しているのだから、答礼してくれ」との本音だった。皆の答礼はぎこちないものになったが。

敬礼とは、階級の低い者が先にするしきたりであって、指揮官が先に敬礼をすることはない。指揮官の訓示の際には、初めと終わりに部下のなかの号令官が「頭中《かしらなか》」の号令をかけて、指揮官が「答礼」をするものだ。

落合訓示に胸を打たれた佐久間は、統幕議長の定例記者会見のときに「落合訓示は明治の『連合艦隊解散の辞』と並ぶ『平成の名訓示』だ」と大いに評価した。「連合艦隊解散の辞」は、日露戦争に勝利した東郷平八郎率いる連合艦隊がその編成を解いたとき、参謀の秋山真之が起案したと言われる。

ところが若手記者たちには連合艦隊云々が何のことかわからない。ピンと来たのはラジオ日本の大ベテラン記者の菊池さんだけだった。佐久間は、あの訓示の内容は落合さんだから言えたことで、隊員たちはみんなよく守ってくれたと語る。

桂は、訓示のことは「感謝を忘れず、誇りを胸に、常に鍛えてたくましく」と約《つづ》めて覚えている。

落合の言葉は誇りは胸にしまっておけと、非常に重要な点を突いていた。なぜなら、桂によれば、落合の思いに相違して、昇任などで優遇され、ついいい気になって勤務態度がルーズになる者がいた一方、ペルシャ湾に行けなかった者には、俺たちだって士気も能力もあったのにとの反発の気持ちが出てきたのだ。平成四年に海幕から文書が出され、今後一切ペルシャ湾派遣のことを人事上評価しないということになった。

クウェートからの評価と感謝

掃海部隊がいまだ復路を航行中の十月十八日、海部総理はクウェートのサアド皇太子兼首相から掃海艇派遣に対する感謝状を受領していた。サアド皇太子は礼状のなかで、「イラクのクウェート侵攻と背信的占領に際し、クウェートを支援してくれた日本政府と国民の皆様に感謝申し上げる。日本の掃海艇はアラビア湾の船舶航行の安全に輝かしい成果を上げた」との感謝と掃海艇賛辞の言葉を述べている。

ついで、十月三十日の帰国歓迎式典でのこと。

呉まで出迎えたアル・シャーリク駐日クウェート大使は次のように挨拶した。

「機雷掃海の任務を終え、帰国されたことを感謝します。日本が初めて海外に自衛隊を送ったことの意味は、湾岸各国だけでなく、全世界が高く評価すると思います」

また、明けて平成四年二月二十五日、クウェート政府は国民と共同の名で、「心からのありがとう　クウェートから日本の皆様へ」と題する日本語とアラビア語が併記された全面広告を讀賣新聞紙上に掲載した。

翌二月二十六日、アル・シャーリク駐日クウェート大使は、防衛庁を訪れ、宮下防衛庁長官らの立ち会いのもと、「解放記念勲章」(Medal Liberation)と呼ばれるメダルを授与した。

このメダルは、クウェート解放や掃海作業などに参加した外国軍の士官以上に贈られており、我が国の海上自衛隊の対象者は、准尉以上の八八名。階級によって、金、銀、銅の三種類であった。佐官は金、尉官は銀、准尉は銅である。メダルの中心には、クウェートのシンボルである木造帆船(ダウ船)が描かれている。

授与式には、部隊を代表して落合(当時、呉地方総監部幕僚長)ら五名が出席した。大使からメダルを胸にかけてもらった落合は、「今も人質になっている人たちの、一日も早い帰国を祈っています」とお礼の言葉を述べている。

メダルの件を伝え聞いた海部元総理は、「そうか。後ろで送り出した者は、もらえないのか」と未練がましい発言をした。

爾来、毎年二月二十二日のクウェート解放記念日には、歴代の在京大使が招いてくれ、今でも「ありがとうございます」とお礼を述べてくれる。

その折には解放記念勲章を胸に下げていくはずである。落合群司令個人の分(金メダル)

は呉の半田謙次郎総監（当時、のち横須賀総監）から展示の目玉として寄付してくれと頼まれて、平成一九年四月にオープンした海自呉史料館「てつのくじら館」に飾ってある。落合畯には私心がない。

クウェートから授与されたこのメダルは、日本国内では制約を受けている。

桂の知る内輪話がある。

帰国した翌年（平成四年）に宮沢総理主催の「観桜会」に招かれ、そのときには海幕から「正式に着けろ」とお達しがあったので、出席者は着用した。桂自身は所用のため欠席した。ところが、自衛官が外国からもらった勲章を着用するには、日本国内で総理府（現・内閣府）の手続きが必要なので、後に海幕で事前に審査した結果、これは「勲章として、その国が正式に決定したものではない」とされた。今は正式には着用は認められていないのが現実だが、結構、皆こっそりと着用しているという。

クウェート国王との謁見

解放から一〇年を迎えた平成十三年（二〇〇一年）二月二十五、二十六日に、クウェートが湾岸戦争当時の各国元首等を復興感謝式典に招待してくれた。我が国からは海部元総理が代表、落合が副代表として、ファーストクラスで行った。外務省からは当時の小林中東第二課課長も随行した。

国王であるジャービル首長に謁見できたのは、湾岸戦争当時の国家元首と軍人だけ。謁見ルームには日本の大使も外務省の課長も入れない。

アメリカ（ジョージ・ブッシュ・シニア元大統領、コリン・パウエル元統合参謀本部議長、シュワルツコフ元現地司令官）、英国（サッチャー元首相ら）、日本の順番に呼ばれた。落合は、日本は後回しにされると思っていたので、三番目だったから驚愕した。ちなみに、四番目はトルコだった。

落合は感動し、クウェートは日本をかなり評価していると思った。海部元総理は、国王に対し、落合のことを、この指揮官が率いた日本の掃海部隊が頑張ったとよい報告をしてくれた。

国王は「日本の貢献に感謝しています」と言われ、ダウ船の模型を海部元総理に贈ってくれた。

国家元首クラスの次に軍人が敬意を持って遇されるというのは、まさに、国際社会では「平和回復や安定」のための作業に武人《もののふ》にしかできない仕事も多いということを意味すると思って落合は感激した。

当時の日本のマスコミは、この出来事をどのような論調で報道したのか。

落合は、国際社会では制服組の職務への尊敬度が高いのに、日本からは朝日新聞が取材に来ていたものの、結局記事にはならなかった、外務省の小林課長も憤慨していたと述べる。

平成二十三年（二〇一一年）三月十一日に発生した東日本大震災での被災地救援活動が、自衛隊に、ようやく少しばかりの市民権を与えつつある。しかし、国防と国を守る職業人については、日本国民の意識は相変わらず国際的な標準にほど遠い。

日本の掃海技術の伝統への評価

掃海作業を終了した九月に掃海派遣部隊がクウェートを訪問した際、落合群司令の記者会見が行なわれ、地元の新聞記者からびっくりするような質問が出た。

「遠い極東の日本から小さなフネで来てくれた貴方たちに、クウェート国民は心から感謝している。しかし、日本は第二次大戦以後、四五年間戦争をしていないはずだ。それなのに、どうして実際の戦争を経験してきた米、英、仏などの海軍と同等に機雷除去作業という最も難しい技術を持っているのか。それとも、隠れて戦争でもしていたのか？」

落合は、あくまで謙虚に、密かに胸を張って答えた。

「昭和二十年の春、米軍は日本近海に約一万三〇〇〇個の機雷を敷設しました。日本海軍の行なった対機雷戦は、終戦後も別の組織に引き継がれ、やがて海自の発足と共に海自に引き継がれたのです。海自の掃海作業は昭和四十年代後半まで継続されました。平和が永く続いた日本の掃海部隊が先進諸国の掃海部隊とほぼ同等に実任務に就けるのは、帝国海軍の先輩たちが残してくれたよき伝統と、任務を引き継いだ海自の掃海部隊が誠実に訓練に励み、技量を磨いてきた努力の積み重ねがあったからです」

昭和二十年（一九四五年）の戦後から開始した日本沿岸の機雷掃海と朝鮮戦争の際の機雷掃海（一名）をあわせて、計七九人の殉職者がいる。落合はこれら尊い殉職者を含む先輩たちの伝統の継承を、将来にわたり大事にしていきたいのだ。

海上自衛隊——その前身組織をも含んで——の掃海実績としては、昭和二十年から昭和六十三年（一九八八年）末までで、六九〇二個の機雷を処分し、掃海面積に至っては、三二三八平方キロメートルも実施している。

昭和二十五年（一九五〇年）に起こった朝鮮戦争では、我が国の掃海隊が朝鮮の海域にも派遣された。これは今や公知の事実だ。昭和二十五年十二月十五日、その朝鮮派遣「日本特別掃海隊」が解散された。

十二月七日、米極東海軍司令官ジョイ中将は、功績をたたえて大久保武雄海上保安庁長官宛に米海軍で最高の「ウェル・ダン賞詞」を贈った。

このことも一つの力となって、昭和二十六年（一九五一年）九月八日、サンフランシスコ講和条約が調印された。大久保は自著『海鳴りの日々』のなかで、掃海隊のいくつかの功績のうち、「口先だけではなく、行為で示すことによって国連の信頼を高め、講和条約を有利に進めようとした日本政府の意図を成功に導いた」ことを第一にあげている。

平成三年に落合指揮官が率いた部隊も、国際社会における日本の信頼と地位を高めることに直接働いたと言えよう。

平成九年（一九九七年）に新しい日米防衛協力のための指針（ガイドライン）が合意された。「周辺事態」における領海・公海での機雷除去は、日本が行なう活動として当然のように盛り込まれた。機雷は艦船に致命的な打撃を与える。世界一の海軍力を誇る米国も、極東や太平洋地域の機雷対策は弱点だから、それだけ海自への期待がかかる。湾岸での機雷除去を機に、海自の能力が間違いないものと認められたということである。日米防衛協力関係において、掃海部門は最強のバーゲニング・パワーとなり得る。

ペルシャ湾で隊司令を務めた森田良行の訴え。

およそ「○○戦」というもので、頭に「対（Anti）」が付くのは対機雷戦と対潜戦しかない。この二つについては、米国は日本が自前でやってほしいと思っている。森田のような機雷のエキスパートが日米の会合に出ると、米側は日本の言うことを聞いてくれる。この能力を落とすと、日米関係が弱くなる。先輩が営々と守ってきた掃海能力を、アジアではトップの地位に高めておかなければならない。この伝統・情熱・技量を伝えなければならない。掃海艇は狭いし、風呂には入れないし、３Ｋの最たるもので、今の若者に人気がないのが悩みだ、と。

「掃海」部門はとても大事、しかしながら、後継者の人材難で不安そうだ。

南関東防衛局調達部で新造の掃海艇の検査官を務めたある掃海のベテラン三佐は、独自の迷リクルート作戦として、若い新入隊員に、「護衛艦などの普通のフネは鉄でできているから、艦内に入れば携帯電話は通じない。でも、掃海艇は木造船だから、自分のベッドからでも彼女に電話できるぞ。どうだ、掃海艇はいいだろう！」と勧めていた。

平成二十年度予算で建造された掃海艇「たかしま」からは、木造ではなくＦＲＰ（強化プラスチック）製になったが、携帯の電波に影響はない。

遅れていた掃海部隊の装備

日本の掃海部隊は、テレビカメラの例のように装備は不十分だし、掃海母艦「はやせ」などは就役後二〇年のオンボロ老齢艦であった。米海軍をはじめとするNATO海軍が「海上自衛隊の掃海部隊のスキルは素晴らしい」と褒めているのは、隊員の高い士気と神業のごとき技量で補うことによって、彼らとほぼ同等の作業をしたということを意味する。森田元隊司令も、日本の武器・装備品は遅れている、欧州の技術は進んでいるなと感じた。

現在の海自の掃海システムは、平成十一年以降に就役した「すがしま」型や平成二十年以降に就役しつつある「ひらしま」型が導入されており、湾岸のときの経験を活かしてグレードアップされたことは疑いない。落合は帰国後、防衛産業関係者の多数集まった講演会で、「海上自衛隊の装備は米国より一五年、欧州より二〇年古い」と率直に所見を述べた。すると、通産省から防衛庁装備局に出向していたある課長が「どういう装備が欠けているのか」と質問した。

落合は、テレビ画像で機雷を捕捉することと、データのコンピュータ処理をあげた。現地では、コンピュータとマンピュータ（人間がデータ処理を行なうことを指した言葉）などと呼んでいたことも率直に打ち明けた。

また、「ひこしま」艇長新野三佐は、帰国後、「装備の遅れ」として七つの点をあげている。

①システムのコンピュータ化

②機雷処分具へのテレビカメラ装着、ホバリング（一つの場所で止まること）、後進能力を付け加える
③潜水用具の完全な非磁性化
④気泡の出ない酸素ボンベ
⑤ＥＯＤ用ハンドソーナーの小型軽量化
⑥処分艇の消音化
⑦航法能力の向上（ＧＰＳ、ＭＲＢ航法）
（ＧＰＳとは、衛星航法装置のこと。ＭＲＢとは航法基準ブイのこと）

確かに、ＧＰＳの例をとってみても、最初に海上自衛隊に導入されたのは、六三ＤＤＧ――昭和六十三年度計画のイージス艦――の「こんごう」であり、掃海艇は平成元年度計画艦からであった。

落合は、「派遣部隊は出発直前にＧＰＳを仮装備しました。本当に、これすらなかったら他国と作業や計画や実績を摺り合わせできず、大変なことになっていたと思います」とことの重大さを述べる。

政界でも反響はあった。平成四年三月十一日、渡部一郎衆院議員（公明党）は畠山防衛局長に対して落合の手記を引きつつ、ＧＰＳのほか掃海艇を輸送できる専門船、データのコンピュータ制御、テレビカメラを付けた無人掃海具の必要性を質問している。

右記の七点はすべてクリアされてきた、と海幕の装備体系課で近代化を実施した桂は回答

する。

新野の指摘した七点は、すべて達成された。処分艇の消音化も、前は船外機の排気を水中に放出していたのが空中に放出することで改善ができた。いずれにしても処分艇は機雷に近い海面では、エンジンを止めて手漕ぎで移動するようにしているが。

ペルシャ湾に行ってはじめて掃海艇の装備の遅れがわかったように世間から言われていたが、昭和五十年代からそのことは認識され、部隊から海幕に予算要求をあげていた。しかし優先順位が低くて予算がつかなかったのだ。限られた防衛予算を配分するから、やはりイージス艦（護衛艦の最新型）や対潜哨戒機P‐3Cなどから先に予算が回る。帝国海軍時代から掃海部門のプライオリティが低く、後回しにされてきた。落合は、ペルシャ湾派遣の機会を活用して、喫緊の課題として掃海艇の装備近代化を促す予算をつけたことになる。

平成十一年以降、「すがしま」型小型掃海艇（五一〇トン。沿海用）、「やえやま」型掃海艦（約一〇〇〇トン。水深の深い海域用）、「うらが」型掃海母艦（五六五〇トン）などが就役した。「すがしま」型掃海艇は、全部で一二隻ある。船体とエンジンは国産だが、中身すなわち搭載している機器は欧米のものだ。ざっと挙げると、英の機雷探知機（ソーナー）、仏の水中処分具、米の航法支援装置、豪の感応掃海具、独の爆雷。

平成七年度に予算化された「すがしま」型の計画当時に入手可能な外国の技術を必死に取り込んだものだが、外国の装備品であるため、重要な部分は軍事機密事項扱いされ、修理も詳しい教育も日本ではできない。

ヒューイット大佐の心酔

米国が日本の掃海能力を高く評価する土台には、両国がともにペルシャ湾で汗を流し、心と心を結び合った経験がある。

ペルシャ湾でのよき相方であった米海軍掃海部隊指揮官ヒューイット退役大佐は、今もなお、落合に巡り合って、心底男がシビレてしまったのだという気持ちを持ち続けている。

ヒューイット元大佐は落合について平成二十年（二〇〇八年）にこう書いている。

「落合畯は私の友人ですが、私は彼をブラザーと呼びます。彼も私をブラザーと呼んでくれることに私は誇りを覚えます。世界中に、これほど敬意を抱ける人物はいません。私にとって、男の中の男である巨人、いつも忘れられず、顕彰されるべき人物です」

平成三年秋のいよいよ最後の別れの挨拶の際、ヒューイット大佐は、記念の品にと自らが加工して描いたという四枚のカートゥーン風刺漫画を落合に贈呈した。アメリカの新聞で当時大変に人気があった漫画をモデルとして、ペルシャ湾での対機雷戦を風刺するために、登場人物の名前を実在の日米海軍軍人の名前に変えてある。

落合は、ヒューイット大佐の当時の上司筋との軋轢も苦労もすべて飲み込んで、簡潔に語る。

「ヒューイットさんは、豊かなユーモアのセンスの持ち主。日米掃海部隊が共に苦戦を強いられた難所のペルシャ湾のＭＤＡ10という牢屋で機雷に足を絡まれ、身動きができない状況を漫画で表現してくれたのです。二人とも、大笑いをして、ペルシャ湾日米共同掃海作業を締めくくることができました。ヒューイットさんが思い出を込めて描いた『名画』は、私の宝物として、今も大切に保管しています」

『湾岸の夜明け』作戦全記録写真集』秘話

この写真集は、隊員たちの活躍を鮮明にとどめる貴重な資料だが、すんなりできたわけではない。

古庄幸一広報室長は、後々までしっかりした記録、写真と映像（映画）の両方を残そうと考え、ムービーカメラとスティールカメラの専門の者を手配して掃海派遣部隊に乗せたかったが、海幕防衛部から、何を考えているんだ、ただ淡々とやってくればいいんだよとクレームがついた。

仕方がないので、映画関係は乗せられず写真（スティールカメラ）の神崎三曹だけをもぐり込ませた。だから、機雷爆破処理の瞬間などの貴重な映像は、隊員が個人的に持参した家庭用ビデオカメラで撮ったものを編集してマスコミに提供したりしていたのだ。

神崎には「ハード（艦艇）は撮らなくていいから、とにかく五一一人の隊員を撮り続けろ」と指示した。写真集はそれに応えてくれた証拠だ。現地では、砂塵のせいで精密な部品がよく壊れ、修理のために東京に逐一送って寄越してきたが、神崎にもやがてどこにカバーをしたら防塵対策になるかわかったようだった。

古庄は写真集に強いこだわりを持っていた。

『「湾岸の夜明け」作戦全記録写真集』を、帰国した隊員が休暇で故郷に帰る際にアルバム代わりに持たせたかったので、朝雲新聞社の出版物を買い取る形にしてスピード作業をやってもらった。海幕広報室が映画が作れなかった懺悔として、オペレーションのすべてを時系列的にまとめたものである。だから、元々はあのように世間で売るつもりはなかった。掃海派遣部隊の記録であり、隊員中心なので、東京の海幕の人の名前は載せていない。

写真集は大ヒットした。

できあがってみると、庁内外の評判がよくて、今度は広報室に反対意見の多かった防衛部から、訪米する際の米軍関係への手土産用にも配りたいので英語版はできないかと言ってきた。とりあえずは、英文のキャプションを考えて、シールに書いたものを貼ることで対応したが、後はそちらでやってくださいよとお引き取り願った。

掃海部隊帰国後の広報も古庄が仕切った。

帰国した落合には講演の依頼が殺到し、海幕は防衛庁長官まで了解を得て、落合を海上幕僚監部付として全国からの依頼に対応することにした。明けて平成四年一月に落合は海将補に昇任したが、ポストは指揮官配置でなくて、講演依頼に応える余裕のある呉地方総監部幕僚長が選ばれた。講演は、持ち時間（一五分、三〇分、一時間……）に合わせて、今ならパソコンとプロジェクターを使ってやるところだが、当時はスライドを適宜組み合わせて使いながらしゃべった。初めのうちは古庄広報室長も同行した。落合もやる気満々で、かなり精力的に講演まわりをした。

自衛隊を、就中、海上自衛隊を正しく理解してもらうべく、落合は「人寄せパンダ」役を買って出たのだ。

自衛隊初の特別賞状

掃海派遣部隊の功績に対し、表彰等、人事・服務面での各種措置が執られた。

部隊の単位では、落合部隊は「職務の遂行に当たり、特段の推奨に値する功績があった部隊等」（自衛隊法施行規則第二条第一項第三号）に該当すると認められ、帰国行事当日、総理から特別賞状が授与された。特別賞状の受章は、自衛隊創設以来初めてのことであった。

個人表彰は、それぞれの責任とその業績に相応する賞詞が授与されることとなり、掃海派遣部隊指揮官落合一佐には第一級賞詞が長官から、各級指揮官には第二級賞詞が海幕長から、というように結果的に総員が受章の栄誉に輝いた。

また、この行動を機に、新たに国際貢献記念章が設けられ、派遣部隊隊員は、賞状・賞詞に対応した防衛記念章に加え、本記念章も併せて着用できることとなった。叙勲については、叙勲基準からして可能性がないわけではないとしながらも、過去に例がないことを主たる理由として、防衛庁として申請は行なわなかった。

佐久間は、当時、海幕人事課服務班長をしていた大田豊さんに、派遣終了後、「彼らをうんと表彰してやれよ」と言ったところ、「ダメです、表彰は規則通りです」ときっぱりと答えたのを記憶している。

けが人ゼロ、服務事故ゼロの秘訣

行って帰ってくるまでの間、乗員のけがは一件もない。

この誇るべき成果の理由について、「『落合司令』の発表で、皆がこれはマズイぞと緊張したのがよい方向に働いた結果、けががなかったのでしょう」という落合の説明はもちろんジョークに過ぎない。

日本人は、自分が今何をすべきかを自覚すると「やる」。寄せ集め部隊だったけれど、ポテンシャルが高いのだと落合は実感した。

掃海一筋の隊員は海外へ行ったことがないが、各艇の先任海曹などがよくしつけて指導してくれた。掃海艇は世帯が小さいから、フネ全体で規律違反の芽を摘んでくれたのだ。江田島を卒業した士官のみならず、この「道徳・倫理・精神教育」の高さに関して、海上自衛隊の曹士クラスも他国司令官を驚嘆させるほどの行動ぶりだった。日本海軍・海上自衛隊の服務教育の厳しさはトップクラスだということと、外国に出ているのだから日の丸の看板を背負った以上は問題を起こせないという克己心が働くのである。

落合は、小串駐バーレーン大使から「落合君、何もトラブルが起こらないっていうのは、いったいどうなっているの。よその国の軍はトラブル対策で大変らしいよ」と訊かれたとき、海上自衛隊を心底誇りに思った。

服務事故が皆無であったため、最後の任務を終えて日本に帰るときにドバイに入港し、そこに各国の部隊がたくさん集まったときにも、日本は一番よい桟橋を割り当ててもらった。また、他国には乗員の上陸を制限したが、日本の隊員は、日本の判断でご随意にという計らいでフリーにしてくれた。

大活躍の医官チーム

ＯＭＦには、「ときわ」と「はやせ」の二ヵ所に、厚生省認可の診療所があった。医療スタッフは、前出の妻鳥三佐（外科）、東納一尉（内科）、稲葉一尉（歯科）、薬剤官・大畑信浩一尉、衛生医事幹部（事務長）友岡正治二尉、そして、准看護師の資格を持つ衛生員が六隻あわせて一二人で、総勢一七名であった。

病気に関しては、患者の延べ人数は三七八四人（帰国報告に載せた人数）。「行き」は歯痛などであったが、現地で任務が始まると「胃炎」「十二指腸」「呼吸器系」など神経から来るものが多かった。

妻鳥医務長には、現地の厳しい暑さにもかかわらず、一人の日射病患者も出なかったのが嬉しかった。

他方で妻鳥医務長は「他の海軍は患者をヘリで陸上に運び治療するが、われわれは自隊で治療する自己完結方式」と述べている。だが、その理由は単純で、患者搬送用のヘリがなかったからだ。ヘリコプター搭載護衛艦を随伴して行けなかったことは、ここでも痛手であった。

九月七日と十七日に、乗員各一人が体調悪化から空路日本に帰国したが、医官や現地の病院では手当できないような性質のものだったのだろうか。

落合によれば、じつは二人とも心因性のものだった。家庭での悩み・不安を抱えながら来ていたけれど、限界に来たので帰した。このうち一人は、帰国記念式典のあった十月三十日、帰国した「はやせ」にやって来て、その後の話を報告してくれた。伊藤達二自衛艦隊司令官はこの経緯を聞いて、「いやあ、何某君、よく来てくれたなあ」と彼に声を掛けてくれた。本人は感激と安堵で落涙していた。

異国の悪環境の下での危険を伴う仕事に従事するという、初めての派遣ミッションの医官チームに、精神科の医官を加えなかった理由はとくにあるのだろうか。内科医・外科医などの医官で、隊員の悩み相談などに当たれば重篤な精神疾患は避けられるとの考えからか。

落合は、確かに精神科の専門医も必要だったと振り返る。長期的な派遣では、精神的な面が大事になるし、内面から来る病気はすぐには治らないからだ。

「海外任務を三ヵ月ローテーションでやるのは、裏付けのあることですね。急いで派遣したテストケースだったので、そこまで考えも及ばず、手も回らなかったということだったのでしょう」

奇跡の稼働率一〇〇パーセント

自衛隊の、否、日本の名誉がかかった活動の一端を担っているという気持ちが、後方支援に当たる隊員の士気を高めた。

落合部隊は奇跡とも言える「一〇〇パーセントの稼働率」を維持したと賞賛される。日本での通常訓練では二週間訓練すると、一～二隻は故障する。掃海艇四隻態勢で行ったのは、三隻が動いて一隻は一週間くらいの期間で整備するというやりくりを前提としていたが、一八八日間、武器やエンジンも含めて、全部稼働したのだ。じつは重大な事故の原因となる故障の芽は、三一五件も発生していた。主機、補機、それらの周りはもとより、通信機、電子機器、掃海具等さまざまな不具合が生じていたが、すべてを隊員たちの手で修理し、故障を復旧させた。一日の掃海作業が終わり、夜遅く錨地に着いてから、翌日の作業に備えて自分が整備を担当している機器の予防整備を励行したのである。

奇跡の一〇〇パーセントの任務稼働率を保ち行動できたのは、こうして黙々と誠実に整備に励んだ縁の下の力持ち的な隊員たちのおかげだった。

人間としての成長

大田家の長子みどりさんは、年月が経ったからこそ話せるようになったという、ペルシャ湾での対機雷戦の後の弟・峻《たおさ》の秘話を語る。

平成三年秋の凱旋騒ぎも少しは収まった年の瀬のこと、すっかりペルシャ湾でフナ焼けした精悍な表情の峻が横浜の中嶋家を訪れた。

いつもなら、中嶋家のお仏壇に手を合わせるなり、笑み崩れて熱燗をねだる晙が、なぜか堅苦しい正座を崩さずにモジモジしている。

みどりさんがご主人の中嶋氏に目配せすると、中嶋氏から切り出した。

「たーちゃん、ペルシャ湾の見事な勝ち戦、みんな無事で本当に嬉しいよ。俺もこんなに血が騒いだのは、大田のお父様と同じソロモンの海で駆逐艦に乗っていたとき以来なかったよ。大田のお父様、お母様もどんなにか沖縄の海軍壕の中でお喜びだろう。さあ、酒でも飲んで、現地の土産話を聞かしてくれないか」

落合は、小学生の頃から、陰につけ日向につけ、自分の味方であり理解者として守ってくれた優しい義兄と姉を相互に、しっかりとその目を見つめながら、真面目な低い声でこう述べた。

「お兄様、お姉様、俺はペルシャ湾で、お父様に負けないような踏ん張りを見せた戦いをやり切ったと思う。ようやく、七歳で家を出たときからの、誰にも言えなかった思いが、すべて吹っ切れたよ……」

晙の告白は途中から声が詰まり、後は男泣きに泣くことで、姉夫婦にすべてを伝えようとした。

中嶋氏もみどりさんも、一緒に泪が止まらなかった。

大田家の三男と四男が海上自衛官になったが、三男・晙は幼くして他家にもらわれていったため、海軍士官としての跡取りの座は弟の豊氏に譲ることとなった。実母かつの説明が十分ではなかったため、晙は「捨てられた子」という悲哀を、無意識のうちにトラウマのように感じていた。

海上自衛官として、倦《う》まず弛《たゆ》まず地道に精勤してきた身に恥じるところは一点もないとしても、晙にとって永遠に憧れの海軍士官である実父にはなかなか及びもつかない「戦果」のまま、定年は数年後に迫っていたというのが事実である。

だが、天は佐久間海幕長の姿を借りて、落合に難業のミッションを与えた。憧れの父に肩を並べ、さらに追い抜くほどの偉業を残す「チャンス」を与えたと言えよう。

落合は、沖縄に眠る亡父の期待に応えることができた。また、半年もの苦悩多き「戦さ」を経て、人間的にも数段の成長を遂げて帰国したときには、かつての亡母にもっと甘えたかった自分を乗り越えて、亡母に凱旋報告をし、子として逆に母を包み込むような愛情もわき上がってきたのであろう。

終　章　海の父子鷹

落合畯《たおさ》は、古稀を超えた今でも、実父・大田實《みのる》の祥月命日や、役員・世話役をしている世事の場で難しいことが生じたときには、必ず、お仏壇に端座して実父と二人きりの対話をする癖がある。

そういう夜には、夢の中に実父が温顔で会いに来てくれることも多いと言う。

大田中将「畯、お前は、職業軍人として、部下や他人の命を大事にしてきたか？　俺はやむなくソロモンや沖縄で何度も陣地の死守を命じたが、人命より尊いものはないのだよ」

落合「お父様の人命尊重主義は、みどりお姉様や、沖縄で生き残った兵隊さんたちからよく聞いて育ってきたよ。俺は、ペルシャ湾に掃海部隊を率いて行ったときは、とにかく安全最優先をお互いに誓い合ったんだ。ＥＯＤたちに機雷処理を任せなければどうしようもない、だけど、それは俺が最初の訓示で約束したことに反するのじゃないかと思ったときは、夜も寝付けなくて。幕僚たちと討議しながらついお菓子をつまんで、帰国したときには一〇キロも太ってサ、女房に貴方ってストレス痩せしないのねって冷やかされたよ」

大田中将「そうか、本当によくやってきたな。ところで、お前は、海軍士官としての勤務態度はキチッとしてきたか。俺など、新婚時代にお母様の大病だということで大家さんから呼び出されたから、仕方なく帰宅したけど、お母様の顔を見るなり、いったん外に出たら俺の身体はお国のものだから、俺はご奉公のことしか考えられないんだぞと叱りつけて、また仕事に戻ったもんだよ」

落合「大丈夫、俺、お父様を見習って、中学校からずっと水泳で身体を鍛えてきたから、健康には自信があるよ。自衛官は健康第一、海幕勤務でも、艦隊勤務でも、『落合はくそ真面目だな』って言われるくらいのご奉公を目指したんだ。お父様に恥をかかせたくなかったからサ。

それと、お父様が眠る沖縄で自衛隊を理解してもらう地味な戦いをしていたときは、うちの剛が生まれたばかりだったけれど、一年一ヵ月の任務の間は本土の方角を振り返ることなく、親しまれる自衛隊を目指して年中無休で地元の方々と交際したり、ジープで走り回ったんだ」

大田中将「おお、立派になっていたんだな。畯、士官だ将官だといっても、部下や叩き上げの者から敬遠されたり嫌われたりしちゃ、いい指揮官にはなれないんだが、お前どうだった？」

落合「俺は、自慢じゃないけど、お父様に似て背も低いほうだし、『偉そうに反っくり返っている』のは性に合わないんだよ。俺がたくさんの人から聞いたお父様は、どんな立場の人にも親切で優しくて分け隔てをしないっていう姿。お父様は『人間は、根本のところで平等だ』と思っていらしたんだろう？

俺、ペルシャ湾に行ったときの若い部下たちから『オヤジ』って愛称で呼ばれていたんだけどさ、それが嬉しくて。そういう連中に『よいしょ』ってプールに放り込まれたときも、そんなにまで親しみを感じてくれてたんだと感動したんだ。威厳はないけど、親しまれたほうだと思うよ」

実父と息子の魂の交流は、落合がＯＢとして海上自衛隊を支援し、他人や組織のために走り抜く限り、密やかに続けられることだろう。

そんな落合のもとに、幾多の勲章に優るとも劣らない貴重な父の遺品が戻ってきた。父が沖縄で指揮を執っていたときに使っていた将官旗が、在沖縄米海兵隊から返還されたのだ。いかに多くの人の善意が積み重なって六七年ぶりの返還となったか、防衛専門紙「朝雲」(週刊)の記事は詳しく報じている。

大田少将の自決後、旗は海軍壕を探索した海兵隊員が戦利品として持ち帰り私蔵していた。

その後、沖縄県浦添市にある米海兵隊の沖縄戦資料館の初代館長であったデーブ・ダベンポート氏が戦利品の返還を呼びかけたのをきっかけに、平成十七年に旗は同資料館に移管された。

同館に旗が展示されていることを知った那覇在住の空自OBの小倉暁氏が、遺骨収集のボランティアで知り合った医官の染田英利二佐と同館を再度訪れ、正規の将官旗であることを確認した。

防衛医大に勤務している染田二佐は、ペルシャ湾派遣掃海部隊の医務長であり、現在は防衛医大で防衛医学講座の教授を務めている妻鳥元太郎一佐にこの件を報告した。そして妻鳥一佐と海幕指揮通信部長の大塚海夫海将補が米軍や厚生労働省と返還に向けて調整役を果たした。

将官旗の返還式は平成二十四年五月二十七日の夕刻、第五〇回の海軍戦没者慰霊祭に引き続いて行なわれ、沖縄戦資料館の館長代理から落合に折り畳まれた将官旗が手渡された。帰ってきた将官旗は縦二・七メートル、横四メートル。中央に日章と八本の光が描かれ上下に朱色の縁どり、端に「少将旗　六巾」と記されていた。落合は、日米の多くの人の善意のつながりで実現したことに感謝の言葉を語った。

落合の海軍士官としての戦いは、平成三年のペルシャ湾掃海でクライマックスを迎えた。一時はマスコミの寵児として全国区で有名人だったのは昔のこと、今や本人は得意の自己卑下で「鎌倉の隠居爺《じじい》ですから、右往左往ですよ」と照れ笑い。しかして、アデン湾・ソマリア沖の海賊対処が一大テーマとなった平成二十一年の春、参議院予算委員会の公述人を依頼されると、これもお国のためのご奉公とばかりに、掃海派遣部隊を皮切りにした国際協力の必要性や日米協力体制の重要性について熱弁をふるった。

還ってきた大田少将の将官旗と写る落合

その一方で高位高官から贔屓されたり特別扱いされることを嫌ったり、俺が俺がと目立つことを極力避ける奥ゆかしさは、やはり大田實の血筋を感じさせる。

落合がペルシャ湾掃海派遣部隊指揮官に任命されたときは、「落合畯とは、あの大田實中将の子息である」と説明されたものだ。落合部隊が成功を収めた後は、「平成三年に日本の名誉を救った指揮官の父は、こんなに意義深い電報を書いて戦死した海軍軍人である」と、いわば再発掘された。

まさに、大田實の三男・落合指揮官は、佐久間海幕長がペルシャ湾への出港の際に託した、機雷処分の実績を上げることと、隊員全員が無事に帰還することの両方を奇跡的にやり遂げた。

佐久間は、呉で落合を激励した際に、「機雷処分で実績を上げること」と「部隊の隊員五一一名全員を無事に連れ帰ること」の二つを落合に託したが、命じた佐久間でさえ、この二つのミッションは矛盾しているのかもしれないと悩んでいた。

しかし、海上自衛隊がダメージを被ることなくして、その当時どうしても緊急に求められていた「国際的責任を果たすこと」を勝ち戦に持ち込むには、自ら防大時代に若き教官として厳しく鍛え、弟のように可愛がってきた落合畯を抜擢するのが最適だと直感したのである。そして、佐久間一のその英断は真に正しかった。

実父の沖縄での戦いと同じように、畯のペルシャ湾での戦いも多くの制約のなかで遂行せざるを得なかった。

大田少将が沖縄に着任したのは米軍の侵攻のわずか二ヵ月あまり前、それまでの陣地構築は、担当の砲術幕僚に任せきりと言ってよい状況だった。在沖海軍の兵員数は一万人近くあったが、大半は陸戦の訓練も行き届いていない、整備員や建設作業員だった。

落合もまた、派遣命令の下るわずか一ヵ月前に群司令に着任し、政治家の決断の遅さに翻弄されながら、慌ただしく準備をしなければならなかった。国籍不明の小型高速艇が出没する現地で、不測の事態があった場合に使う武器は、「はやせ」の三インチ砲だけ。部隊の幹部たちは、「裸の艦隊」だと自嘲したこともあった

落合はかつて防大生のとき、六つ下の弟に「来るな、ここはクダランとこだぞ」とか「自衛隊とは、『妾の子』扱いされる組織なんだぞ」と忠告した。しかし、その弟・豊さんは防

大に進学し、海を選んだ。

そう言った落合畯自身は、平成三年、半年間のペルシャ湾掃海活動をパーフェクト・ゲームのうちに幕引きすることにより、我が国の自衛隊に新たな時代をもたらした。

落合に白羽の矢を立てた佐久間も、もちろん落合当人も想像し得なかったかもしれないが、落合とその部隊の功績は、現在に至る二〇年間の自衛隊の海外活動の流れを、海上自衛隊が先駆けとなって新しい挑戦に立ち向かっていく契機となった。

落合が、そして海上自衛隊が「道を拓いた」海外の活動は、三段階にわたっている。

第一は、ペルシャ湾掃海派遣部隊が、自衛隊開設以来初の海外実任務に従事したこと。これがいくつものＰＫＯに道を拓いた。

掃海部隊の派遣期間中に「国際平和協力法案」（ＰＫＯ法案）が国会に提出され、平成四年六月に法案は成立した。自衛隊初の海外実任務である掃海部隊が着実に成果を上げ、諸外国の評価を得たことが、国民のなかにあった警戒心を大きく払拭していた。ＰＫＯ法は平成四年以降の国際平和協力業務につながっていった。平成四年のカンボディアＰＫＯを皮切りに、最近のものでは、遠くアフリカの南スーダンＰＫＯ。

第二に、「テロとの戦い」の陣列に加わって、我が国の自衛隊が、初めて旗幟鮮明に他国軍隊の海外活動に協力支援をした。いわゆる「テロ特措法」「新テロ特措法」に基づくものである。

平成十三年（二〇〇一年）の九・一一テロにより、世界が協調してテロリストを封じ込めることが急務となった。

我が国は、「不朽の自由」作戦として、テロリストの移動や武器弾薬、麻薬等のテロを助長する物資の移動を海上で阻止する活動に従事する諸外国の軍隊の艦船に対し、燃料（油）および水の補給などの協力支援活動等を実施することを決め、平成十三年十一月二十日より海自艦艇がインド洋に派遣された。

これは、湾岸戦争の際に、日本の対応策が「トゥーリトル・トゥーレイト」——少なすぎるし、遅すぎる——と散々に批判された苦い過去に学び、とくに国際社会では、「数や量が少ないのはまだしも、トゥーレイト（遅きに失する）」は致命的であるとの反省から、素早く自衛隊の派遣が決定され、今日まで、テロとの戦いについて志を同じくする国々との間の信頼を醸成するとともに、日本のシーレーンを守るためのプレゼンスとなってきた。

第三に、従来とはまた一線を画した海外展開として、海上警備行動および新たに制定された「海賊対処法」に基づく海賊との戦い。

これは、武器使用を伴う可能性を前提としているという点において、我が国の自衛隊が活動のステージを新しくしたものである。

この第二、第三の海外活動は、落合畯が率いる掃海部隊の活躍なくしてはありえなかったことである。

落合は、日本が「有志連合」という世界の平和と安定のための国際的な取り組みのなかに入って、応分の活躍をすることにより、日本を二度と世界から孤立した敗戦国にしない意思表示、永久に独立国であり続けるための具体的で力強い足跡を残した。

「青は藍より出でて、藍よりも青し」とはこの父子のためにあるような言葉だ。「たーちゃん」は「お父様」に遜色ないどころか、追い越すほどの立派な戦績を残したのである。

参考文献＊田村洋三『沖縄県民斯ク戦ヘリ—大田實海軍中将一家の昭和史』（講談社、一九九七年、現在は光人社ＮＦ文庫）＊田村洋三『沖縄の島守—内務官僚かく戦えり』（中央公論新社、二〇〇三年）＊青山淳平『海にかける虹—大田中将遺児アキコの歳月』（日本放送出版協会、二〇〇三年）＊桑江良逢『幾山河』（原書房、一九八二年）＊碇義朗『ペルシャ湾の軍艦旗』（光人社、二〇〇五年）＊朝雲新聞社『「湾岸の夜明け」作戦全記録』（一九九一年）＊手嶋龍一『一九九一年日本の敗北』（新潮社、一九九三年）＊大久保武雄『海鳴りの日々—かくされた戦後史の断層』（海洋問題研究会、一九七八年）＊恵隆之介『昭和天皇の艦長—沖縄出身提督漢那憲和の生涯』（産経新聞出版、二〇〇九年）

取材・写真協力者＊中嶋みどり＊村上すが子＊大田豊＊石谷恒夫＊落合畯＊佐久間一＊古庄幸一＊松本順時＊森田良行＊森田寧＊桂眞彦＊青山末廣＊濱田敏雄＊田中聡＊依田毅＊石嶺邦夫＊菊本享＊佐藤富生＊レスリー・Ｗ・ヒューイット＊海上自衛隊＊公益財団法人水交会＊（株）ユニバーサル造船京浜事業所（現・ジャパンマリンユナイテッド〈株〉横浜事業所鶴見工場）＊自衛隊沖縄地方協力本部＊てつのくじら館（海上自衛隊呉地方総監部）

あとがきにかえて

私と大田實中将との最初の出会いは、平成三年八月のことでした。ちょうどペルシャ湾岸では落合畯一佐が指揮する日本の掃海派遣部隊がＭＤＡ10（第10機雷危険海域）の対機雷戦を続行中だった頃です。

私は、防衛庁（当時）勤務の事務官と結婚式を挙げ、新婚旅行先として、憧れの沖縄を初めて訪れる新妻らしく、エメラルドの海に思いを馳せていました。

お目当ての場所は素朴な伊江島。那覇からバスで名護へ、そこで乗り換えて本部港まで行き、連絡船で島に渡る。半日がかりの行程でした。

そろそろ南国気候に疲れてきた最終日、夫は私を那覇市郊外の海軍司令部壕へと有無を言わさずに連れて行ったのです。

「太平洋戦争関係の遺跡？　興味ないんだけど」とごねる私に、夫は暗い壕内で大田中将が自決の数日前に東京の海軍次官に打電した「沖縄県民斯ク戦ヘリ……県民ニ対シ後世特別ノ御高配ヲ賜ランコトヲ」という胸を打つ電報の話を語りました。涙腺の緩い人情派の私は、さっそく、司令部壕についての屈指のテキストである宮里一夫氏の本を買ってしまいました。

職業柄自衛隊のことに詳しい夫は、ペルシャ湾掃海派遣部隊指揮官・落合一佐が大田中将の三男であることを当然知っていました。それどころか、昭和五十八年（一九八三年）夏には、事務官なのに研修として落合さんが艦長をしていた護衛艦「あさぐも」に乗艦し、船酔いで呻吟しつつも一ヵ月余にわたり落合さんと身近に接していたのです。

大田中将と落合さんが父子であることを私が夫から知らされたのは掃海部隊の帰還後のことで、そういう大事な話はもっと早く言ってほしいと抗議しました。ともあれ、父子ともに感動と勇気と誇りを日本人に与えてくれる人物だな、いつか機会があれば落合さんの謦咳《けいがい》に接したい、大田中将の人となりをもっと知りたいという想いを心で温めていました。

それから一五年間、平成の我が国では安全保障問題で絶えず論議を呼ぶテーマとしては「沖縄の基地」と「自衛隊の海外派遣」が双璧をなしていました。これは大田實と落合畯が大きく関わってくるテーマです。積年の想いに火がついて、平成二十年春の落合さんへの二度にわたる長時間インタビューを振り出しに、佐久間一さんなど関係者への取材、秋と翌春には呉と江田島への取材行。多くの方々にご協力いただいて、この二人の巨人の実像を追いかける材料は集まってきました。

でも、それからが難関でした。当初は取材で聞いた話をできるだけ盛り込みたいと欲張っていましたが、四年あまりの歳月をかけて枝葉の情報を一〇回以上にわたって削ることによって、ようやく、時代は違うが共に沖縄に足跡を遺した一組の軍人父子――海軍軍人と海上自衛官――の士魂の継承を軸に据えたノンフィクションとして上梓するに至ったのです。この間、厳しくも温かい助言指導をしてくださった立林昭彦さん（現『歴史通』編集長）を始めとする方々、そして本書を世に出す決断をされたかや書房の石井社長に心から感謝する次第です。

書いては直しを繰り返す間、辛抱強く待っていてくださった中嶋みどりさん（落合さんの長姉）を始めとする取材協力者の方々にも、あらためて厚く御礼を申し上げます。

個人としての私は、取材活動の過程で帝国海軍および海上自衛隊への敬愛の念がいやまして高まり、元来は海軍ＯＢの集まりであった水交会に有志会員として入会しました。これにより、平成二十一年三月末にソマリア沖海賊対処任務のために出航する初の水上部隊のお見送りに呉水交会の助力を得て参加できたり、その後もたびたび水上部隊・航空部隊に具体的に自衛隊を支援・協力させて頂けるようになったことが望外の喜びです。なぜなら、自衛隊と自衛官は、他国等からの侵略・襲撃を未然に防ぎ、いざというときに守るべく戦う唯一の組織、プロ集団でありながら、残念なことに我が国の法制度や、まだまだ蔓延している一部国民の自衛隊に対する偏頗《へんぱ》な視線は、自衛隊を日陰者扱いをしているからです。

「軍隊」ではなく「自衛隊」、「軍人」ではなく「自衛官」だから、まだ存在と活動を認めてもよい、しかし、他国での軍隊のような正式な待遇はしないのが平和主義でしょうか。どう誤魔化した呼び名をつけても、一朝有事のときや海外派遣の際は、軍隊としての任務遂行が求められ、そのためには職業軍人として矜持を保てるような待遇にしてあって当然ではないでしょうか。

本書を通じて、まず部下を思い、黙々と任務に精励する二人の魅力的な人物を一人でも多くの人に認識していただき、「戦前、戦後を通じ、いつでも立派な職業軍人はいるものだ」という筆者の思いに共感が得られるならば、望外の幸いです。

平成二十五年六月二十三日　沖縄慰霊の日に

三根明日香

（本書は個人的見解です）

解説

一九九〇年八月三日、イラクのフセイン大統領が突然クウェートに侵攻した当時、私は外務省北米局地位協定課の首席事務官だった。

その日から翌年の十月末まで、湾岸戦争と日本の湾岸貢献策の実務に文字どおり明け暮れた。

日本の貢献策が「トゥーリトル、トゥーレイト」と揶揄され、悔しい思いをしたのは私一人ではなかったはずだ。

その苦しい一四ヵ月の中でも最も印象深く、かつ嬉しかった思い出が本書の描く海上自衛隊掃海部隊の活躍だった。掃海部隊派遣については、私個人、当時極秘扱いだった一九九一年一月の最初の非公式事前準備の段階から外務省側の関係実務に直接関与していたので、彼らの活躍は自分のことのように嬉しかった。

当時あれほど身近に感じていた落合司令ではあったが、残念ながら、お会いする機会はなかった。掃海艇部隊の帰国歓迎式典が行なわれた十月三十日、私は次の任地ワシントンに向け出発しなければならなかったからだ。

それだけに部隊の活躍について詳しく触れている本書は私にとっても大変貴重な書物である。

本書が描く落合司令の人柄は、私が聞いていた話そのままだった。謙虚で腰が低いが、軍人としての矜持も忘れない優れた指揮官だった。

一九九一年の海上自衛隊掃海部隊に彼のような軍人がいたことは日本の誇りであり、また救いでもあった。

その落合司令の父君がかの有名な沖縄の大田中将であったことを知り、なるほどな、やはりそうか、と直ちに納得した。

特に、終章にある仏前での親子の対話は感動的ですらある。遠い湾岸海域まで派遣された五〇〇トンにも満たない木造の掃海艇四隻が最後の最後で日本を窮地から救っても、父は淡淡としていたに違いない。

この書物が描くものは、単なる親子のエピソードにとどまらず、海洋国家日本の海軍と偉大な海の男たちの物語でもある。大田實と落合畯《たおさ》という二人の男の半生を、父と子という縦軸と、沖縄とペルシャ湾という横軸で描いていった三根さんの切り口も絶妙だ。

女性で軍事・安全保障をテーマに書くライターはまだ多くないが、特に、行政の現場を知る現役公務員でもある三根さんには期待している。一人でも多くの読者が本書を読んで、大田中将から落合海将補、さらにはその後輩たちに連なる日本海軍の伝統と矜持を感じ取って欲しいものだ。

平成二十五年九月九日

宮家邦彦
（キヤノングローバル戦略研究所研究主幹、立命館大学客員教授）

文庫版のあとがき

一昨年の十二月二十三日夕方、私は出来たての『沖縄の絆』（かや書房発行）を抱えて、初めて「ペルシャ湾掃海派遣の会」に顔を出した。当日は佐久間一《まこと》元統合幕僚会議議長が数年ぶりの参加という僥倖に恵まれ、私は取材から五年余りの歳月、出版を待って下さった佐久間さんと落合さんにまず本書を献呈することができ文字通り肩の荷を下ろしたのであった。

佐久間さんは目がお悪く、スピーチのため登壇の際には佐世保時代の副官桂眞彦さん（元あわしま艇長）が率先手を差し伸べるという、ほほえましい場面があったが、スピーチの内容は明瞭簡潔に派遣された隊員への変わらぬ感謝の気持ちを伝えるもので、カミソリ佐久間の健在ぶりを強く実感した夜となった。

その一方、司会進行役を務める傍ら横須賀からの派遣艦艇——さくしま、あわしま、補給艦ときわ——を読み込んだ「宇宙戦艦ヤマト」の替え歌を披露して下さった田村博義さん（元さくしま艇長）を始め四〇人余りのペルシャ湾の勇者と向き合い、自分のやった仕事が受け入れてもらえるだろうかとの緊張も覚えた。

それからわずか七ヵ月後、佐久間さん急逝の報に接し、私はしばし呆然とした。父を自分が二〇代のうちに亡くしている私にとって佐久間さんは第二の父であったのだ。やがて私には、掃海部隊派遣の準備段階から帰還にいたるあけすけの事情を、四時間にわたり語って頂いたことへの深い感謝の気持ちと、ご存命のうちに成果物をお届けすることができた安堵が止めどなく湧き上がって泪があふれてきた。

佐久間さんは私が最初に取材を申し込んだ時、既に防衛省防衛研究所のオーラル・ヒストリーの企画に協力して語るべきことは語った等の理由を挙げ、私の取り組み姿勢と真摯さを厳しく詮議された。どうにか口頭試問に及第して、横浜は関内の喫茶店で取材の日、佐久間さんは予定の時間よりはるか前に姿を現わされ、私とアシスタントである夫はここまで真剣に対応されるのかと驚愕した（文房具調達のために、我々二人も偶然ずっと早く現地にいたので事無きを得た）。そしてこの時、無名のライターの卵にここまで語って下さった期待に対し、必ず立派な形にして応えることをひそかに誓ったのである。

ペルシャ湾掃海派遣の話の詳細は是非とも残さなければいけないというかや書房の石井社長の理解により『沖縄の絆』を世に出すことができ、さらに軍事関係の名著を多数収める光人社NF文庫からの刊行という栄誉に浴することができた。この間、国会では自衛隊の活動範囲を集団的自衛権の行使にまで広げる安保法制が議論され必要な法改正が認められた。ミサイル防衛と並んで集団的自衛権の行使の事例として挙げられたのは、ペルシャ湾の出入口

・ホルムズ海峡の掃海だった。本書（二五頁）で紹介したように、機雷は比較的簡便に敷設でき心理的効果は絶大という弱者にとって極めて誘惑的な兵器である。だからこそ、常に高い技術水準と即応性を持った掃海部隊は国の安全上不可欠なのである。

一方、戦後七〇年、本土復帰から四三年を経た沖縄では、米海兵隊普天間基地の移設をめぐって沖縄県知事と政府の対立が激化している。もしも、大田實だったら、またその盟友島田叡知事だったら、さてどのように和解の道を切り拓くだろうか。私事ながら、本書の刊行以来、自分の健康状態と家庭の事情のため、未だ沖縄に瞑る大田實中将の霊に出版の報告のできていない私としては一日も早く海軍壕に参ってその声を聞きたいと念願している。

平成二十七年十月二十八日

三根　明日香

単行本　平成二十五年十二月「沖縄の絆」改題　かや書房刊

NF文庫

父・大田實海軍中将との絆

二〇一五年十二月十七日　印刷
二〇一五年十二月二十三日　発行

著　者　三根明日香
発行者　高城直一
発行所　株式会社　潮書房光人社
〒102-0073　東京都千代田区九段北一-九-十一
振替／〇〇一七〇-六-五四六九三
電話／〇三-三二六五-一八六四(代)
印刷所　モリモト印刷株式会社
製本所　東　京　美　術　紙　工
定価はカバーに表示してあります
乱丁・落丁のものはお取りかえ
致します。本文は中性紙を使用

ISBN978-4-7698-2921-8　C0195
http://www.kojinsha.co.jp

NF文庫

刊行のことば

第二次世界大戦の戦火が熄《や》んで五〇年――その間、小社は夥しい数の戦争の記録を渉猟し、発掘し、常に公正なる立場を貫いて書誌とし、大方の絶讃を博して今日に及ぶが、その源は、散華された世代への熱き思い入れであり、同時に、その記録を誌して平和の礎とし、後世に伝えんとするにある。

小社の出版物は、戦記、伝記、文学、エッセイ、写真集、その他、すでに一、〇〇〇点を越え、加えて戦後五〇年になんなんとするを契機として、「光人社NF（ノンフィクション）文庫」を創刊して、読者諸賢の熱烈要望におこたえする次第である。人生のバイブルとして、心弱きときの活性の糧《かて》として、散華の世代からの感動の肉声に、あなたもぜひ、耳を傾けて下さい。

＊潮書房光人社が贈る勇気と感動を伝える人生のバイブル＊

NF文庫

アンガウル、ペリリュー戦記　玉砕を生きのびて

星　亮一

日米両軍の死闘が行なわれ一万一千余の日本兵が戦場の露と消えた二つの島。奇跡的に生還を果たした日本軍兵士の証言を綴る。

伝説の潜水艦長　夫 板倉光馬の生涯

板倉恭子
片岡紀明

わが子の死に涙し、部下の特攻出撃に号泣する人間魚雷「回天」指揮官の真情――苛烈酷薄の裏に隠された溢れる情愛をつたえる。

昭和の陸軍人事　大戦争を戦う組織の力を発揮する手段

藤井非三四

無謀にも長期的な人事計画がないまま大戦争に乗り出してしまった日本陸軍。その人事施策の背景を探り全体像を明らかにする。

真珠湾攻撃作戦　日本は卑怯な「騙し討ち」ではなかった

森　史朗

各隊の攻撃記録を克明に再現し、空母六隻の全航跡をたどる。日米双方の視点から多角的にとらえたパールハーバー攻撃の全容。

ニューギニア砲兵隊戦記　東部ニューギニア歓喜嶺の死闘

大畠正彦

砲兵の編成、装備、訓練、補給、戦場生活、陣地構築から息詰まる戦闘の一挙手一投足までを活写した砲兵中隊長、渾身の手記。

写真 太平洋戦争　全10巻　〈全巻完結〉

「丸」編集部編

日米の戦闘を綴る激動の写真昭和史――雑誌「丸」が四十数年にわたって収集した極秘フィルムで構築した太平洋戦争の全記録。